KB039078

4·16구술증언록 단원고 2학년 5반 제6권

그날을 말하다

창현 엄마 최순화

이 도서의 국립중앙도서관 출판예정도서목록(CIP)은 서지정보유통지원시스템 홈페이지(http://seoji.nl.go.kr)와
국가자료공동목록시스템(http://www.nl.go.kr/kolisnet)에서 이용하실 수 있습니다.
CIP제어번호: CIP2019009638

4·16구술증언록 단원고 2학년 5반 제6권

그날을 말하다

창현 엄마 최순화

4·16기억저장소 기획 편집
(사) 4·16세월호참사가족협의회 지원 협조

한울

일러두기

1. 음절로 식별 가능한 소리를 들리는 대로 전사하는 것을 원칙으로 한다.

2. 의미를 파악하기 위해 추가 설명이 필요할 경우 [ ]로 표시한다.

3. 몸짓, 어조 등 비언어적 행위는 ( )로 표시한다.

4. 구술자가 말을 잇지 못해 말줄임표를 사용하는 경우 ……, …로 길고 짧음을 표시한다.

5. 비공개 영역은 〈비공개〉로 표시한다.

6. 비공개해야 하는 희생자 형제자매의 이름은 ○○, △△ 등의 도형기호로, 생존자의 이름은 A, B, C 등 알파벳 대문자로 표시한다.

7. 비공개해야 하는 제3자는 직분이나 소속, 성만 공개하고, 이름은 ××로 표시한다. 비공개해야 하는 숫자는 자릿수에 상관없이 □로 표시하며, 지명은 □□로 표시한다.

4·16기억저장소에서는 세월호 참사 5주기를 맞아 구술증언 수집 사업의 결과물 일부를 100권의 책으로 발간하게 되었습니다. 이 사업은 2015년 6월부터 다양한 학문 분야 구술 연구자들의 자발적인 참여로 진행되어 왔으며, 세월호 참사를 좀 더 정확하고 다각적으로 기록하고 기억하고자 하는 노력의 일환으로 수행되었습니다.

2014년 참사 발생 이후, 참사 피해자들의 목격담과 경험은 안타깝게도 공식적인 국가기관과 언론의 기록 속에서 철저히 소외되거나 왜곡되었습니다. 그것은 세월호 참사가 우리에게 안긴 죽음과 고통의 충격만큼이나 우리 사회의 끔찍한 비극이었습니다. 따라서 사업을 진행하면서 세월호 참사 희생자 가족, 생존자, 생존자 가족, 어민, 잠수사, 활동가, 기자 등등, 참사의 초기 과정을 직접 경험한 분들의 증언을 우선적으로 수집했습니다. 구술자는 이 사업의 취

지와 방식에 개인적으로 동의한 분 중에서 선정했으며, 참여 과정
에 어떠한 금전적 보상이나 이익이 제공되지 않았습니다. 또한 구
술증언 수집 사업을 진행하는 동안, 면담자는 연구자이자 참사를
겪은 공동체 시민으로서 최대한 윤리적이고자 노력했습니다.

구술자마다 매회 약 2시간씩 3회를 원칙으로 음성 녹취와 영상
촬영을 하는 방식으로 진행되었고, 증언의 일관성을 확보하기 위
해 면담자는 큰 틀에서 공통 질문지를 사용했습니다. 공통 질문지
의 내용은 참사와 구술자 간의 관계성에 따라 차이가 있지만, 유가
족 구술의 경우 1회차 '참사 이전의 삶, 팽목항과 진도에서의 경험,
자녀에 대한 기억'을, 2회차 '참사 이후 투쟁과 공동체 활동 경험'을,
3회차 '참사 이후 개인 및 가족이 경험한 삶의 변화와 깨달음, 자녀
의 현재적 의미'를 중심으로 했습니다. 이처럼 증언 내용은 참사 이
전에서 시작해 참사 발생 당시의 경험과 이후의 변화 과정까지 폭
넓게 수집했고, 면담자는 구술 채록 과정에서 구술자의 발화를 최
대한 존중하고자 했으며, 무엇보다 각자의 특수한 경험과 다른 시
각을 충실히 반영하고자 했습니다.

이 구술증언록의 발간을 위해, 채록된 음성 자료는 문서로 변
환해 구술자와 함께 검토했고, 현재 시점에서 공개할 수 있는 영역
과 할 수 없는 영역으로 구별했습니다. 따라서 책에 실린 내용은
모두 구술자로부터 공개를 허락받은 부분입니다. 비공개 영역은
추후 구술자의 동의를 받아 적절한 절차를 거쳐 추가로 공개될 수
있으리라 생각합니다.

이 구술증언록 100권에는 그동안 우리 사회에 왜곡되어 알려지거나 잘 알려지지 않았던, 참사 발생 직후 팽목항과 진도 혹은 바다에서의 초기 상황에 관한 중요한 증언이 포함되어 있습니다. 또한, 자녀를 잃는 잔인하고 애통한 상황을 겪으면서도 그 누구보다 강인한 정치적 주체로 성장할 수밖에 없었던 유가족의 마음과 경험을 구체적으로, 그리고 여러 각도에서 살펴볼 수 있습니다. 그 외에도, 이 구술증언록은 2014년을 전후한 한국 사회의 여러 측면을 드러내는 귀중한 자료가 되리라고 생각합니다. 무엇보다 국내외의 많은 분이 이 책을 읽어, 장차 세월호 참사의 진상 규명과 역사 서술에 기여할 수 있기를 바랍니다.

구술증언 수집 사업이 진행되고, 책으로 출간되기까지 많은 분의 도움과 지지가 있었습니다. 이 지면을 빌려 부족하나마 감사의 말씀을 전하고자 합니다.

먼저 (사)4·16세월호참사가족협의회와 4·16기억저장소에 감사를 드립니다. 이분들의 신뢰와 적극적인 협조가 없었다면, 이 사업은 처음부터 시작할 수조차 없었을 것입니다. 또한 어려운 정치 환경 속에서도 사업의 취지에 공감해 재정 지원을 결정해 준 아름다운가게와 역사문제연구소에 감사드립니다. 두 단체 덕분에, 이 사업을 4년 동안 계속해 올 수 있었습니다. 그리고 구술증언록 100권의 발간에 동의하고, 바쁜 일정에도 출판 실무를 기꺼이 맡아주신 한울엠플러스(주)에도 감사를 드립니다. 이 외에도 많은 개인과 단체가 직간접적으로 많은 도움을 주시고 격려해 주셨습니다. 여기에 모두 밝히지 못하는 것을 죄송하게 생각합니다.

　말할 필요도 없이, 가장 크고 또 가슴 아픈 감사는 구술자 한 분한 분께 드리고자 합니다. 이 책이 발간될 수 있었던 것은, 무엇보다 용기를 내어 아픔과 고통의 기억을 다시 떠올리고 장시간 진심으로 이야기를 해주신 구술자가 있었기 때문입니다. 오랜 시간 이야기를 나누며 함께 공감하기도 했지만, 그 아픔과 고통을 어떻게 가늠할 수 있을까 싶습니다. 더 큰 도움이 되지 못함을 안타까워하며, 이 구술증언록 100권의 발간이 피해자분들에게 조금이라도 위로가 될 수 있기를 기원합니다.

2019년 4월

4·16기억저장소 구술팀 책임자
서울대학교 인류학과 교수 이현정

차례

■ 1회차 ■

■ 4회차 ■

창현 엄마 최순화

구술자 최순화는 단원고 2학년 5반 고 이창현의 엄마다. 창현이를 떠나보낸 이후 삶의 가치와 신앙과 교회에 대한 뼈아픈 깨달음을 얻은 엄마는 '4·16합창단'의 단장으로 활발하게 활동하고 있으며 '목요기도회'를 통해 노란 꽃이 항상 만발하는 새로운 공동체의 꿈을 키워나가고 있다.

최순화의 구술 면담은 2016년 7월 7일, 10월 31일, 그리고 2019년 2월 18일, 4회에 걸쳐 총 6시간 동안 진행되었다. 면담자는 김향수·김익한, 촬영자는 김솔·박은수·강재성이었다. 구술자 본인의 프라이버시나 제3자의 프라이버시를 보호해야 할 부분을 제외하고는 구술자의 발화를 있는 그대로 전사했다.

1회차

2016년 7월 7일

시작 인사말

면담자   본 구술증언은 4·16 사건에 대한 참여자들의 경험과 기억을 기록으로 남김으로써 이후 진상 규명 및 역사 기술에 기여하고자 합니다. 지금부터 최순화 씨의 증언을 시작하겠습니다. 오늘은 2016년 7월 7일이며, 장소는 안산시 단원구 세승빌라입니다. 면담자는 김향수이며, 촬영자는 김솔입니다.

구술증언 참여 동기

면담자   어머니, 안녕하세요. 먼저 구술증언에 참여하시게 된 동기가 있으신지 궁금합니다.

창현 엄마   시간이 지날수록 기록이 중요하다는 게 느껴지고, 제가 이 기록 부분을 잘 못 하니까 도움 주시는 분들이 있으면 적극적으로 참여하는 게 맞는 것 같아요. 그래서 참여하게 됐어요.

면담자   구술증언 기록이 향후에 어떤 목적으로 사용됐으면 좋겠는지요?

창현 엄마   첫날 우리가 본 것들은, 제가 목격한 거는 구조하지 않았다는 거는 분명하거든요. 사람이 304명이 물에 빠져 있는데,

살아 있다고들 하는데 전혀 구조의 액션을 취하지 않는 게 정말 이상해서, 구조하지 않은 것에 대해서는 분명히 사실을 알려야 되고, 왜 그랬는지 책임자 분명히 처벌해야 하고 그런 것 같아요. 질문이 뭐였죠, 어떻게 이용되었으면 좋겠냐?

면담자   예, 어떤 목적으로 이용되길 바라시는지요?

창현 엄마   어떤 목적으로… 첫 번째는 우리가 주장하고 있는 진상 규명이죠. 우리 눈으로, 그 장면들을 사진으로 찍어놨다면 증거를 들이댈 수 있을 텐데 그때 그 생각을 했던 사람은 거의 없었을 거고, 당연히 구할 거라 믿고 있었고, 근데 그게 아니었고…. 우리가 목격한 게, 의심했던 게 거의 사실로 드러나는 시점인데, 갈수록 그 의심은 짙어져 가고 있는 것 같아요. 구할 수 있었는데 안 구했다는 의심은 거의 확신으로 되어져 가는 것 같고, 그것을 증명해 내는 게 진상 규명 특조위[특별조사위원회] 팀들이 할 일인데…. 우리 가족들뿐만 아니라 국민들도 봤잖아요, 구하지 않는 장면들을. 다 봤는데… 우리가 본 게 사실인데 그거를 덮으려는 의도적인 시도들이 그 이후로 계속 있었고, 그래서 묻혔고, 묻혀져 가는 게 사실인데…. 생명이 죽었다는, 없어졌다는 사실에 대해서 왜 죽었는지, 왜 구하지 않았는지는 아무리 시간이 지난다 해도 계속 물어야 되고 밝혀내야 되는 게 맞는 거, 그래서 그런 부분에 이용되길 바라고.

    2년 지난 시점에서 느끼는 건… 많이 변했죠, 4·16 이전과 이후가… 유가족이, 피해자가 똑같은 삶을 살 수 없는 거죠. 너무나 당연한 건데… 그런 변화된 삶을 어떻게 보내는지. 저 같은 경우는, 이전에 추구했던 가치관이나 생각들이 변했어요. 변했기 때문에 당연히 어느 부분에 시간을 쏟느냐도, 모든 게 변한 거죠. 내가 어디를 가느냐, 가는 장소도 변하고 하는 행동들도 변하고 시간도 변하고. 그게 당연히 맞는 건데, 음… 내 자신을 보면 조금 황폐해지는 것 같아요. 여기만 집중하고 계속 우리 주장을 하는데 잘 받아들여지지 않고, 우리는 반복해서 같은 이야기를 하고 정부는 묻으려는 시도를 계속하고. 근데 정부 힘이 너무 세니까 계속 짓밟히는 입장이다 보니까 분노는 더 커져가는 것 같고, 그게 가족 간에도 영향을 미치는 거 같애요, 가족생활에도. 〈비공개〉

초기에 단원보건소에서나 안산시에서 치유 부분을 굉장히 많은 사람이 달려들었는데, 그게 필요한 거는 오히려 지금 시점인 것 같아요. 사람들 마음이, 내 마음이 왜 이렇게 분노로 가득 차 있고, 그렇게 변해가는지에 대한 상담이 지금 더 필요한 거 같아요. 〈비공개〉 지금부터 필요한 거 같아요. 진상 규명 중요한데 제가 염려되는 것은, 물론 그 목표를 향해 갈 거예요, 앞으로의 삶은… 근데 목표를 향해 가면서 많은 가정들이 더 힘들어지고 깨어지고 아파하고 그럴 것 같아요. 저희 가정도 시작이 됐고, 그 부분이 걱정이 돼요. 이런 기록들이…(한숨) 또 다른 참사가 일어나면 안 되겠지만 치유 개념으로 다가가야 할 시기가 언제인가 그런 부분에 있어서 더 정확한 기록을 남겨서 상처받은, 치유되지 않은 유가족들에게 언제 어떻게 다가가야 할 것인가에 대한 근거 자료가 되었으면 좋겠어요.

면담자   약간 다른 제언이세요. 지금 시기가 더 그렇다고 판단하신 이유가 있을 것 같아요.

창현 엄마   저를 봐도 그랬죠, 첫 번째는 저 자신인 거고. 제가 원래도 말투가 무뚝뚝하고 상냥하지 못한데, 점점 내 입에서 나오는 말들도 더 세지고 비난하는 말들을 서스름없이[스스럼없이] 하고 가족한테도 그렇게 하고, 대하는 모든 사람들한테 그러는 거 같아요. 간담회도 많이 다니는데 점점 강도가 세지는 것 같아요. 제가 하고 싶은 얘기가 많아서, 의사 전달이 잘 안 되니까 그렇게 얘기하는 것 같기도 하고, 한 번에 한 단어에 응축해서 전달하고 싶은 마음… 지금의 현실이, 국가가 우리에게 대하는 태도들을 한 문장으로 전달하고 싶은… 사람들이 잘 못 알아들으니까 그런 마음이 좀 더 커져서 그렇게 돼가는 것 같기도 하고.

제가 지금까지 그래도 건강하게 버텨낸 거는 신앙의 힘이었던 거 같고 또 신앙적으로 도와주시려는 분들이 주변에 많이 있기 때문에, 진심으로 진정성을 가지고 내 옆에서 도와주려는 분들이 있기 때문에 힘이 된 것 같아요. [그렇지만] 지금[은] 치료나 상담을 좀 받아야 할 시기인 것 같아요. 제가 그렇게 진단을 내렸고 딸아이도 그런 말을 하고, 남편도 그런 얘기를 해요, 어제도 같은 얘기를 했고. 그래서 어디에 도움을 청해야 되나, 온마음센터를 알아볼 생각이고, 온마음센터나 신앙적으로 도움을 주시는 분들, 혹시 전문가가 있나 알아봐서 도움을 받아야 될 거 같아요. 정혜신 박사님이 많은 가족 얘기를 들으셔서 아픈 건 당연한 거 같아요, 너무나 많은 사람들의 아픔을 공감하는데 어찌 안 아플 수 있겠어요. 그분이 아픈 게 맞는 거 같은데, 저는 지금부터…인데 앞으로 더 생길 것 같아요. 왜냐면 시기가…(한숨).

보상을 받은 사람들은 어떻게 사는지, 그들도 궁금해요. 큰돈이 없다가 있게 됐어요. 대부분 삶의 90프로 이상은 돈 벌기 위해서, 말은 아니라고 하지만 대부분은 돈 벌기 위해서 사는 것 같아요. 돈 없이는 아무것도 못 하는 사회가 됐기 때문에, 삶의 목적이 돈인 것 같아요. 아이가 죽어서 얻은 돈이긴 하지만 한꺼번에 어마어마한, 그게 어마어마한 돈일지 사람마다 다르겠지만, 평생 벌어도 못 벌 돈이 생겨서 이 돈을 어떻게 쓰는지에 대한 의견차 때문에 많은 가정들이 갈등을 할 것 같고, 저희도 갈등하는 이유 중 하나가 그게 있거든요. 국민 성금을 받았기 때문에 2억 정도가 없던 돈이 들어왔어요. 제 마음은 창현이 목숨 값이기 때문에 오로지 진상 규명에 써야 되는 게 맞는 거고, 돈도 그렇지만 시간도 그런 생각인데 남자여서 그런지 아빠는 그렇지가 않은 거 같애. 이걸로 사업을 하길 원하고 자기가 하지 못했던, 전에 하고 싶었는데 돈이 없어서 못 했는 것을, 돈이 들어와서 이번 기회에 하고 싶은 마음이 있어. 그게 나쁜 건 아닌데 제가 잘 용납이 안 돼서 싸움이 되고 있어요. 많은 가정들이 그럴 거 같아요. 정말 중요한 게 뭔지, 입으로는 진상 규명이라고 하면서 실제로 투자하는 시간, 그 마음에 정말 진상 규명이 있는 건지. "아이들의 억울한 죽음을 위해서 남은 시간을 다 바치겠다", 말은 그렇게 하는데 정말 속마음이 그런지 의심스러워요. 그 부분에 대한 다툼이 많이 있을 것 같고 저희 가정도 실제로 있는 거고, 국민 성금 받은 거 가지고도. 그런데 [배·보상금을] 다 받은 사람들은 부부간에 합의가 되어서 아무렇지도 않게 갈등 없이 그 돈을 쓸 수 있을까? 제가 잘 모르지만 걱정스럽고 염려스러운 부분이긴 해요.

면담자　　아까 치료가 아니라 치유라고 이야기하셨는데, 실제로 둘이 다르다고 생각하게 된 계기가 있으신지요?

창현 엄마　　계기요? 계기는… 아이 하나가 없어진 건데, 가족 구성원 네 명 중에 한 명이 사라졌는데 실제로 저는 그렇더라구요, 다 잃은 거예요, 다. 왜냐면 삶의 목표가 없어진 거고 다 잃은 건데… 〈비공개〉 분명히 유가족이기 전에 사람인 거 맞고요, 나랑 생각이 다르고 그렇긴 한데 이런 부분에 대한 조언이 필요한 거 같아요. 우리끼리 싸우다 보면은 상처만 깊어질 것 같고. 내가 왜 그렇게 생각하는지… 100프로란 없지만 거의 모든 생각은 진상 규명에 몰입해야 되는 게 맞다고 생각하는데, 더 많은 사람들 더 많은 유가족들은 그렇게 생각하지 않는 거 같애, 생각하지 않는 것 같고. 나랑 같이 사는 창현 아빠도 그게 다는 아닌 것 같고, 자기 삶을 살고 싶은 거 같고, 저는 잘 용납이 안 되는 거고. 머리로는 이해해야 한다고 하면서도 대화가 잘 안 되니까 미움이 생겨나고 그런 거 같아요. 내부적인 갈등, 가족 내에서의 갈등, 가정 안, 유가족 안에서의 갈등도 항상 있어왔지만, 그거를 그냥 넘기면 안 될 거 같고. 더 심각한 거는 가정 내에서[의] 속속들이 들여다보면 다 있을 거 같아요. 가정 내에서 갈등들을… 그냥 놔두면 더 파탄 나는 가족, 아이도 잃고 가정도 파괴되는 일이 실제로 일어날 거 같아요.

3
광화문 농성과 세월호 인양 문제

면담자   약간 주제를 바꿔서, 지난 일주일 동안 여러 활동들이 있었는데 다니시면서 들었던 생각과 중요한 경험, 소회 이런 것이 있으면 말씀해 주세요.

창현 엄마   (한숨) 25일 날 [광화문 정부서울청사 앞에서] 농성을 시작하면서 '우리가 농성하면 들어줄 거다' 그런 기대를 가진 사람은 없었을 거예요, 지금까지 한 번도 들어준 적이 없으니까. "너희가 그렇게 얘기하고 있구나. 그래 알았어, 들어줄게". 이렇게 답한 적이 한 번도 없거든요. 그런 결과가 나올 거라는 거를 알면서도 우리는 해야 되고, 그게 좀 비참하긴 한데 그런 과정 중에서 25일 날 농성을 시작하면서 함께 해주는 사람들이 모여드는 걸 확인할 수 있는 시간은 소중한 거 같아요. 우리가 요구하는 결과는 (한숨) 나오

23

1회차

지 않을 줄 알았고 뻔한 거였지만 조금이라도 "왜 여기서 이러고 계세요?" 이런 제스처라도 취해줬어야 하는데… 그런 것도 전혀 없었고 그냥 불법 집회를 하는 안 좋은 집단, 정부 정책을 반대하는 해가 되는 집단으로 간주하고 못 하게 할려는 의도만 보였죠. 정부가 그렇게 할 거라는 것은 알고 있었지만 더 노골적으로, 우리한테 필요한 가림막을 뺏어 가고 사람 없을 때 리본을 뺏어 가고 사람을 연행해 가고… 그렇게 치사하게 치졸하게 하는 것들을 목격하는 건 정말 놀라운 일이었고요. 앞으로의 길은 더 어렵고 험난할 거란 예상을 해요. 그건 더 힘든 거죠.

그렇다고 포기하냐? 그렇진 않죠. 정부의 태도를 보면서 실망하거나 낙심하거나 그렇진 않은데 개인적으로 분노가 쌓여가는 게 문젠 거 같아요, 개인적으로. 계속 이 길을 갈 건데 좀 들어줘야 되잖아요. 맺힌 응어리가 풀어져야 하는데 응어리들은 더 커지는 거죠. 응어리들이 계속 커지면서 사람들이 황폐해지는 거 같아요, 정서적으로 황폐해지고 여유도 없고. 입에서 나오는 말들도 점점 더 거칠어지고, 그렇게 되어가는 현실이 서글픈 거 같아요. 그것도 감안하고 가야 될 거 같고.

그럼에도 계속 찾아와 주시는 분들은 고맙고 그것을 확인하는 시간들이었죠. 그런 것 때문에 견딜 수 있는 힘이 생기는 거 같고요(한숨). [세월호] 인양을 생각하면… 너무 비참하죠, 진짜. 노골적으로 '배를 조각내겠다'는 제안서를 보내왔어요. 분명히 안 건져내고 조각낼 거다 그런 말은 들어왔는데, 선수 들기 시도를 두 달 전부터 했는데 두 달 동안 공들인 시간들, 작업들을 다 무시하고 배를 다 조각내겠대요. 정말 말이 안 되는데 그렇게 하겠대, 그 제안서를 보내왔어요. 그래서 오늘 [가족협의회] 임원들이 해수부로 가고 있는데, 그런데 [정부는] 그렇게 하겠다면 하더라구요. 우리가 무슨 짓을 해도, 분신자살을 한다 해도 하더라구요, 시간은 조금 늦춰지겠지만. 그렇게 하는데 정말 더 화가 치미는 거죠, 사람들 마음에.

그거를 견뎌내야 하고 계속 그 길을 가야 하고 이게 참 힘든 일인 거 같아, 전문가들의 도움이 필요한 거 같고. 외적인 거 말고, 가정, 가정마다 이루어져야 그게 제일 빠른 치료일 거 같아요. 왜냐면 가장 가까운 사람끼리 서로 화를 내고 내분이 일어나고 그러면은 그처럼 비참한 일은 없는 거 같애. 가정들이 어떤지 돌아볼 시기가 지금인 거 같고요. 앞에 나와서 열심히 싸우고 있는 사람들도 그럴 거라는 생각이 들어요, 제가 그러니까요.

면담자   선체를 조각내면 미수습자 수습은 어떻게 하겠다는 건가요?

창현 엄마   별로 안중에 없어요, 생각이 없어요. 그 부분에 대한 배려가 있었다면 지금까지 안 왔겠지, 그 사람들에 대한 배려가 없어요. 뭐라고 그랬냐면 "조각내서 배를 청소하다가 미수습자가 발견되면 수습을 하겠다" 이렇게 이야기하고 있어요.

면담자   상식적으로 조각내다 유실될 수도 있잖아요.

창현 엄마   당연하죠, [세월호 선체에] 이미 99개 구멍을 뚫어놨고 이제 태풍이 올 텐데, 태풍이 위에서만 바람이 부는 게 아니라 바닷속에서도 어마어마한 파도가 치고 물결이 흐르는 거잖아요. 이미 벌집을 내놨는데 왜 유실이 없고 온전하게 보존이 되겠어요, 태풍이 오는데. 그 시기를 기다린 거 같기도 하고, 정말 이해가 안 되는 거죠. 일부러 침몰시켰기 때문에 '이거는 감춰야 돼', '왜 침몰했는지 밝혀지면 안 돼' 이걸 정부는 행동으로 보여주고 있어, 계속 막고 있는 거지. 인양 부분을 통해서도 분명하게 드러나고 있는 거 같애, 증거물인데. 그 안에 더군다나 사람이 아홉 명이나 있는데, 아직도. 국민들이 바라고 있음에도 지금까지 했던 모든 인양 작업을 감추기 위한, 숨기기 위한, 온전하게 인양하지 않기 위한 행동들이었다는 걸 드러내고 있는 거 같아요, 배를 조각내서 인양하겠다는 건. 처음에 구멍도 안 내고… 상하이샐비지가 약속한 거는, 처음에 계획서 낸 건 온전히 인양하겠다는 거였거든요. 근데 계속 말이 틀려지고 있고, "조각내서 인양하겠다"는 것을 보내왔고 임원들이 그 부분에 대해 어떻게 이야기할지…. 근데 우리가 뭘 해도 그들은 그렇게 하더라구… 정말 불이라도 지르고 싶은데. 조각내서 인양하겠다는 이야기 듣고 다른 사람은 침착하던데 침착할 수 없더라고요. 부모님들 입에서 2014년도부터 그런 말 많이 했어요. "청와대 불 질러버리고 싶고 총으로 쏴 죽이고 싶고…" 그런 말들을 참 많이 했는데, 저는 지금 그런 생각이 들어요. 실제로 하고 싶어, 그렇게. 그때는[참사 당시에는] 안 그랬거든, 그때는 잘 몰라서

설마 했죠. 이게 거의 사실로, 그들이 하는 행동이 말해주고 있기 때문에 그런 이유 아니고서는 덮어야 되는 이유, 고의 침몰했기 때문에 덮어야 한다는 그 이유 아니고서는 정부가 이렇게 나올 이유는 없는 거 같아요. 그래서 수많은 돈을 들여서 감춰야 되고(한숨).

4
4월 16일의 경험

면담자　　　이제 2년 전 이야기를 여쭈려고 합니다. 수학여행에 대해서는 어떻게 들으셨어요? 준비 과정이나 기억에 남아 있는 게 있으실 텐데요.

창현 엄마　　　창현이는 사춘기라 별로 말을 하지 않았어요, 저하고는. 아빠하고도 말을 잘 안 했고, 돈 필요할 때 학교에서 [보내는] 웬만한 안내장들은 안 주고 돈 필요한 것들만 줬던 거 같아요. 창현이가 중학교 2학년 때 수학여행을 갔다 온 이후로 변했거든요. 수학여행 가서 [같이] 노는 친구들을 만난 거 같아요. 그 뒤로 [창현이가] 새로운 세계를 발견한 거 같은 생각이 드는데, 저는 그게 기도 [내용이]였죠. '중학교 2학년 때 수학여행 갔다 와서 변한 거처럼 이번에 수학여행 갔다 오면 다시 제자리로 돌아왔으면 좋겠다' 그런 마음으로 보냈고, 창현이 사춘기가 조금 진정 시기로 되어가는 때였기 때문에 기대를 했어요.

첫날, 16일 날 배가 침몰 중이라는 이야기 들었을 때 별로 걱정하지 않았어요. 당연히 구조될 거라고, 낮이니까 구조될 거라 걱정하지 않았는데 단원고 가서 붙어 있는 생존자 명단에, 처음에 나온 거에서 단 한 명도 늘어나지 않는 거 보고 가망이 없구나… 가망이 없다는 생각은 버스 타고 가면서, 단원고에서 마련한 버스 타고 진도로 내려가면서 했던 거 같애. 차 안에서 TV를 틀어주는데(한숨) [세월호가] 온전히 뒤집힌 이후로 구조하는 모습도 보이지 않고 똑같은 상황만 계속 내보내면서… 구조했다는 새로운 명단도 내놓지 않고, 에어포켓이 있다니 없다니 전문가들 모셔놓고 그런 말들을 해가는, 어떻게 시간을 때우기 위해서 그랬던 거 같은데… 왜냐면 현장에서 올라오는 소식이 없으니까. 버스 타고 가면서 전 가망이 없다는 거 알았어요.

창현이가 일찍 나올 거라는 예상은 못 했는데 일찍 나와서… 17일 저녁에, 18일 새벽녘에 창현이가 나온 게 지금은 다행이었지만 그때는 다행이 아니었어. 다른 아이들은 살아 있을 거라고 믿고 있는데 다른 부모들은, 우리 아이는 시체로 나온 거에 대해서 받아들일 수 없었고 믿을 수 없었죠. 정신 못 차린 상태에서 장례식도 진행이 됐고, 이게 뭔지도 모르고 그렇게 지냈던 거 같아요.

학교의 잘못도 분명히 있고, 선생님들의 잘못도 있죠. 학교 운영위원들 잘못도 있죠. 운영위원들이 사전 답사를 갔다는데, 운영위원들하고[에] 선생님들은 포함되어 있는지 안 있는지 모르겠는데, 그러면 당연히 세월호를 타고 아이들이 갔던 과정을 똑같이 갔어야죠. [운영위원들은] 세월호 타고 갔다가 비행기 타고 왔어야 하는데, 비행기 타고 갔다가 숙소 둘러보고 비행기 타고 왔대, 그게 사전 답사래. 세월호를 타봤어야죠. 그건 학교 잘못이고, 학교 운영위원 잘못인 거죠.

그리고 처음에 기가 막히고 납득이 안 갔던 게, 기본적으로 아주 작은 배를 타더라도 구명조끼를 입어보고 위험 상황이 발생했을 때 그거부터 설명하잖아요, 어떤 상황이든. 저는 그게 당연히 상식이고, 당연히 다 되는 줄 알았어요, 배 안에서. 분명히 배를 타면 처음 먼저 받는 게 안전 교육, 구명조끼를 어떻게 입고… 비행기 타면 그렇게 하잖아요. 어떨 때 어떻게 하고 이런 안전 조치들이 전혀 없었다는 게 너무 이상했고, 선생님들도 안전 교육이 없었는데, 안전 조치에 대한 설명이 전혀 없었는데 그냥 넘어갔는지 정말 이해가 안 가고, 학교 잘못 많이 있죠. 그 당시 학교 운영위원들도 유가족이기 때문에 더 이상 문제 삼지 않은 거 같은데, 이것도 기록에 남겨야 되는 거 같아요, 그 당시 학교 운영위원들이 그렇게 했다는 걸. 사전 답사를 비행기 타고 갔다, 지들 편하게 여행 갔다 온 거죠. 답사가 아니라 지네들 여행 갔다 온 거지.

면담자   운영위원들의 답사에 대해서는 나중에 알게 되신 거예요?

창현 엄마   나중에 들었죠. 당연히 잘할 거라고, 그건 상식이잖아요, 안전 교육이 가장 최우선이라는 것도 상식이고. 가장 기초적인 상식들이 지켜지지 않았고, 운영위원들이 지키지 않았고, 학교도 그걸 그냥 넘겼고, 잘못이 다 있는 거죠.

면담자　　　처음 학교에서 차량을 타고 진도 팽목 가실 때 기억에 남는 일이나 아니면 아까 구조하지 않는 것을 봤다고 하셨는데 그런 부분에 대해 이야기해 주세요.

창현 엄마　　　처음에 진도체육관에 내려줬는데, 체육관 벽에 붙어 있는 생존자 명단이 눈에 들어왔죠, 내리자마자. 부모들은 학교에서 받은 생존자 명단이 있었어요, 그거하고 비교를 하는 거죠. 똑같았어요, 학교에서 받은 생존자 명단하고 진도체육관 벽에 크게 써서 붙여놓은 생존자 명단하고 똑같더라구.

체육관 안에 들어갔을 때는 이미 생존 아이들은 다른 데로 옮겨 없었고, 저는 오후 늦게 왔는데 기자들이 책상을 차지하고 있더라구요, 기자들이. 우리도 처음엔 기자들인지 몰랐지만 그 사람들한테 정보를 얻어야 되잖아요. 배가 어떻게 되어가고 있는지, 구조 작업이 어떻게 되어가고 있는지, 누가 살았는지 이런 것들을 물어볼 데가 없으니까 체육관에 앉아 있는 사람들한테 물었는데, 그 사람들이 기자였더라구요. 나한테 준 거는 생존자 이름, 생존자 이름을 대는데 그중에 창현이 친구가 한 명 있어서 걔한테 전화를 해보고…. 그런 연락처 주고받는, 생존 아이 연락처를 우리한테 주고 그 정도. 기자들도 우리한테 물어보고 싶은 게 있었는데 그건 잘 생각이 안 나고. 창현이 친구 누가 살았는지, 창현인 어떻게 됐는지, 그게 제일 궁금하니까 물어봤던 거 같고. 근데 그 아이하고 통화가 안 됐죠.

통화가 안 되고 저녁 때쯤에 팽목항으로 가서, 해경이 사고 해역으로 갈 수 있는 배를 준비해 줬어요. 팽목항에서 사고 해역까지 해경 배로, 천천히 가는 배로 가면 1시간이 넘게 가니까, 그것도 2, 30명만 탈 수 있는 작은 배, 한 번 갔다 오는데 2시간 반 이상 걸리는 거죠. 그걸 두 번 정도… 그러니까 부모들이 서로 탈라고, 서로 해경 배에 타겠다고 목숨 걸고 싸웠죠. 배에 타겠다고 밀치고 달려드니까 해경들이 행여나 부모들이 빠질까 봐 빠지는 사람 없게 하기 위해서 많은 사람, 경찰들이 바닷가에 붙어서 안전 조치를 취하고 있는데, 나는 남동생이 와서 남동생 도움으로 두 번째 밴가, 세 번째 밴가 탔어요.

사고 해역으로 갔는데(한숨) 아무것도 안 하고 있어요, 그걸 본 거죠. 아무것도 안 하고 있는데 바다는 너무 잔잔하고, 그 주위에 조명탄을 쏘고 있고 수많은 배들이 몇백 미터 떨어진 곳에서 대기하고 있고…. 근데 아무것도 안 하고 있는 거예요. 부모들은 그 광경을 보고… 그랬을 것 같아요, '내가 뛰어들어 가서 구해낼까?' 이런 마음이 속에는 다 있었을 건데 그 시도를 못 하더라구, 저도 못 하고. 해경들이 뛰어들까 봐 다 막고 있긴 했어요. 해경 배 난간에 서로 팔짱을 끼고 누구도 가까이, 물 가까이 접근 못 하게 막고 있긴 했는데. 울음소리뿐이었죠, 갈 때는 그게 참 후회돼요. 그때 부모들이 왜 뛰어들지 않았는지. 너무너무 추웠고, 진짜 밤이었는데 춥고 무섭고 그 물을 보니까 그런 생각이 들더라구요. 이 추위 이 차가운 물에 아이들이 있는데도, 부모가 100명의 아이가 있는데도 단 한 명도 나도 뛰어들 시도를 안 한 게… 했어야 되는데 그게 후회스럽고 그래요. 무서웠던 거 같아요, 무서움이었던 거 같애, 뛰어들지 못했던 거는. '이 추위에 뛰어들면 죽겠구나', 저 차가운 물 속에 아무것도 보이지 않는 물이 무서워서 못 뛰어든 거 같아. 아이에 대한 생각으로 간절했을 건데도 아무도 바다로 뛰어들지 않았다는 게 지금 생각하면 바보 같고… 그때 했어야 되는데, 경찰들한테 보여줬어야 되는데… 그게 제일 후회스러워요. 말로는 "내가 뛰어들어 가서 구해낼 거야" 하고 갔는데 실제로 그 현장에 도착하니까 그렇게 행동하는 사람이 단 한명도 없었다는 게… 후회스럽고 아이들한테 미안하고 그런 거죠.

구하지 않는 것을… 너무 이상했죠, 구하지 않고 있는 것이. '왜 안 구하지?' 이상하다고 다 느꼈죠. '왜 안 구할까?' 항의를 했죠, 항의를 했는데 그게 크게 나오지도 않았고(한숨). 제일 후회스러운 건 그런 부분이에요. 거기 가서 구하지 않는 모습을 보고도, 그 안에 사람이 있다는 걸 알면서도 뛰어들지 않았다는 거. 근데 해경들한테 "당신이 좀 가서 구해와" 이렇게 말할 수도 없겠더라구, 그 상황을 보니까. 너무 춥고 껌껌하고 이런 상황에 살아 있는 그 사람들한테 "당신이 가서 좀 꺼내와" 이렇게 말을 못 하겠더라구요. 근데 그럴 때 쓰기 위해서 해경특공대가 있는 거잖아요. 이미 천안함 겪었음에도, 천안함 사건 때 경험했음에도 그때보다도 더 못한 구조 활동, 그건 아닌 거 같애. 더는 못하지 말아야지. 최소한 그때보다는 나아졌어야지, 천안함 사건 경험하고 만든 배가…. 아무튼 그런 일이 일어났을 때 인명 구조하기 위해서 만든 배가 있었는데, 통영함인가? 출동하려고 했는데 그 출동도 누군가가 막았고, 아무 쓸모가 없었고 더 많은 사람들이 그대로 죽어갔고… 국민들은 지켜봤고.

참 믿어지지 않아요. 내가 경험했는데도 생각할수록 믿어지지가 않아요, 어떻게 이런 일이 일어날 수 있는지. 근데 분명히 일어난 일이고 눈으로 목격한 일이고, 그래서 우리 부모들은 억울함을 계속 이야기하는데도 "시간이 지났으니까 그만해야 되지 않겠냐" 이렇게 말하고(한숨). 생명에 관한 것임에도 경제 논리로 다 풀어내는 정부, 대놓고 돈의 논리로. 박근혜는 "세금이 들어가니까 특조위 연장하면 안 된다" 그렇게 대놓고 말을 하고, 정말 너무하는 거 같아요. 가만히 듣고 있는 국민들도, 박근혜 욕하지 않는 사람이 많지 않지만, 그래도 미온적인 국민들 태도는 참 이해할 수 없는 거 같아요. 세월호뿐만 아니라 굉장히 많은 사건들이 계속 일어나고 있잖아요. 부모들은 부모니까 이 일을 당연히 할 건데… 해내야죠. 그렇게 막는다고 부모가 포기하지는 않고…(한숨) 계속할 건데 참 외롭고 힘든 싸움이겠다 싶어요. 더 외로워질 거 같고 더 힘들어질 거 같고. 그래서 도움이 필요할 때가 지금부터가 절실한 거 같고.

5

아이를 다시 만난 날 그리고 장례

면담자　　창현이가 돌아올 때 누나가 먼저 봤었잖아요. 누나가 전한 그때 상황에 대해 말씀해 주세요.

창현 엄마　　누나는 그때 학교에 있었기 때문에, 지방에 □□대학교에 있어서, 걔도 그 소식을 듣고 하루 종일 발만 동동 구르다가 교회 전도사님이 가서 ○○이를, 누나를 데려왔어요. 그래서 늦게 도착했어요. 팽목항에 간 사이에 저녁에 도착했는데, 얘가 그랬어요, ○○이 지가 가서 뛰어들어서 창현이 구해 오겠다고 소리 지르면서 그랬었어요. 늦게 도착해서 바로 17일이 돼요. 그날 밤 3시, 4시[쯤] 내가 사고 현장에 갔다 오니까 팽목항으로 왔더라고, 딸아이가. 그때는 17일인 거죠, 17일 새벽. 같이 진도체육관으로 가서, 그때 사람들이 어마어마했죠. 체육관에 하루 종일 있다가, 그때 진도체육관은 진짜 지옥이었어요. 왜 안 그랬겠어요. 배 안에 자기 자식이 있는데 구조는 안 하고 있지, 시원스럽게 "어떻게 돼서 구조하고 있습니다" 이렇게 말하는 사람도 없고 기자들은 계속 찍어대고… 그런 상황에서 답답하니까 어떻게 해야 되는데 어떻게 해야 할 바를 모르는 부모들이 계속 소리 지르고 싸우고… 어디 풀어야 할 데가 필요했던 거 같애. [아이들을] 구해줘야 되는데 죽어가고 있는데 실제적으로 구조에 나서야 되는데 나서는 모습도 없고. 시간은 계속 가는데, 시간이 갈수록 생명은 쓰러져 가는데, 내 자식이 죽어가고 있는데 아무도 그 누구도… 구조에 책임지고 적극적으로 나서는 사람도 없고 말해주는 사람도 없고 그러니까 점점 미쳐가는 거죠. 점점 미쳐가면서 보이는 대로 싸우고 의자 집어던지고 카메라 부수고… 16일, 17일 계속 그랬던 거 같아요. 말하고 싶은데 크게 싸우는 사람들이 많아서, 그러니까 10프로는 계속 여기저기서 싸우고 있고… 거기 있는 사람이 다 싸우면 어떻게 되겠어요. 나도 부모고 나도 할 말이 있는데 참고 있는 거죠.

참고 있다가 저녁이 돼서… ○○이가 [나중에] 한 10시 넘어서였다고 그러더라고요. "정신 차려, 정신 차려" 그러면서 밖에 나갔는데 그때 앰뷸런스 한 대가 체육관으로 들어왔나 봐요, 우리 ○○이가 밖에 나간 그 찰나에. 체육관 밖에도 엄청 많이 있었죠. 어떤 아주머니가 달려가서 앰뷸런스 안에 갔다 오더니 "어우, 우리 애는 여드름이 없는데 여드름이 있네" 이런 얘기를 하더래요.

그 말을 들어서라기보다 얘는 지 말에 의하면 보고 싶었대, 그 말을 들은 거랑 상관없이 앰뷸런스에 가보고 싶었대. 그래서 앰뷸런스 기사님한테 가서, 차로 간 거죠. 차로 달려가서 보겠다고 지가 차 문을 열고 앰뷸런스 안에 들어가서, 자크가 채워져 있는데 자크를 열었대. 근데 얼굴이 나오는데 창현이었다고. 누가 있을 거라고, 사람이 있긴 있는데 그게 창현일 거라는 기대는 단 1프로도 하지 않았다고… 창현이가 있을 거라는 생각은 전혀 하지 않고 '봐야겠다' 생각에 들어갔는데 창현이가 있어서….

그렇게 허무하게 끝난 거죠. 뭐가 뭔지도 모르고 살아서 올 거

라고 진도체육관에 왔는데 하루 만에 그렇게 시체로…. 진도체육
관으로 가는 버스 안에서 살아 있지 못하겠다는 생각은 했지만, 막
상 하루 만에 그렇게 죽은 모습으로 돌아오니까 그게 뭔지 몰랐어.
사실 믿어지지도 않았고. 애가 죽었다는, 죽음이 뭔지…. 지금 느
끼는, 창현이가 없는 부재 상황하고 그때 창현이가 시체로 돌아왔
을 때 창현이 죽음에 대한 생각은 하늘과 땅 차이예요. 그때는 정
말 몰랐어요. 그냥 문자적인 거예요, 그때는. '창현이가 죽었다' 뭐
가 뭔지도 모르고, 수많은 사람 속에서.

　장례식도 마찬가지였어요. 장례식도 너무나 많은 사람들이 밀
려오니까, 그 사람들을 대해야 되고 그러다가 그냥 장례를 치렀
고… 그런 거 같아요. 거의 다 그랬을 거 같아요. 거기서 한 달 이
상 기다린 사람들 혹은 지금도 기다리고 있는 사람들 심정은 제가
잘 모르죠, 전 안 기다려봐서. 많은 차이가 있을 거 같아요. 자기
자녀를[가] 분명히 죽었다는 거 확신하고, 그러면서도 찾기를 원하
는 부모의 심정… 하루 지나고 이틀 지나고 삼 일 지나고, 지나면
서 마음은 다 애한테 가거든요. 자기 자녀한테 100프로 마음이 가
있는데 하루, 이틀, 사흘, 나흘 그 시간을 어떻게 견뎌내는지… 그
쌓이는 시간 속에 [부모들] 마음에 준 상처, 응어리들이 어떤 건지는
제가 잘 몰라요.

　근데 부모님의 입을 통해서 들은 얘기, 자원봉사자들의 입을
통해서 훼손된 자기 자녀를 대했을 때[의] 그 마음들은 어떻게 표현
할 방법이 없는 거 같아요. 근데 그걸 안고 계속 살아가야 한다는

게… 삶의 이유가 없을 거 같애, 저도 그러는데. 저도 창현이가 없는 게 전부를 잃은 거라고 말씀드린 거처럼 삶의 이유가 없을 거 같애, 미수습자 부모들도 마찬가지고. 그래서 그 마음들이 어떤지를 들여다봐야 하는 게 맞는 거 같아요. 그게 정부가 해야 하는 일이고. 진상 규명도 해줘야 되지만 정말 우리가 살기를 원한다면, 대한민국 국민으로 잘 살아가기 원한다면 그 응어리를 어떻게 풀어낼지 그 부분을 접근해 줘야죠. 그래야 되는 거 같애.

면담자   장례 과정에서 아버님이 처남 도움을 많이 받았다고 하셨어요. 초기에 장례를 며칠로 할지, 합동 장례 얘기가 나와서 기다리기도 했다는 말씀도 들었어요. 장례 과정은 어떠셨어요?

창현 엄마   그 얘기 잘 몰라요. 합동 장례는 들어본 적도 없고.

면담자   그때 3일장, 5일장 이런 이야기가 나왔는데, 창현이는 어떻게 치렀는지요?

창현 엄마   18, 19, 20일, 3일… 교회 목사님이 주도적으로 해주셨어요, 목사님하고 남동생하고. 뭘 결정하고 그럴 거 아니잖아요. 자녀에 대해서 뭐 어떻게 결정할 수 있겠어요. 교회 목사님하고 남동생하고 상의를 했고, 최종적으로 결정하는 건 딸아이가 했어요, 누나가. 누나가 고집해서 처음에 화목장[수목장]으로 하겠다고 했는데 결국에는 화성시로 갔죠. 창현이에 대한 유품이나 이런 것들은 누나가 다 결정을 했어요. 누나의 동의를 얻었어야… 최종적으로 결정권이[결정을] 걔가 했고(한숨).

합동 장례, 그때 저는 못 들었어요. [창현이가] 일찍 왔고, 고대병원에서 장례를 치르는 사람이 서너 명 있다는 이야기 듣고 남동생이 거기 왔다 갔다 [하면서] 고대병원 사람들 어떻게 장례를 치르는지 보기도 하고 조언도 하고 왔다 갔다 하긴 했어요. 그때도 합동 장례에 대해서는 못 들었고, 그때 들은 바는 ☆☆이하고 준형이가 바뀐 거. ☆☆이었는데 준형인 줄 알고 고대병원 데리고 와서 냉동고에 안치하고 있다가 마지막 입관하기 전인가 자기 아들 아니라고 그래서 다시 진도체육관에 내려간 얘기는 들었어요, 창현이 장례 치르는 시기에(한숨).

6
활동의 계기가 된 KBS 항의 방문과 특별법 서명운동

면담자　　　　장례 치르고 나서 활동하기 전에 '활동을 해야겠다' 마음을 먹기까지 여러 생각과 고민이 있으셨을 거 같은데요.

창현 엄마　　　　저는 별 생각이 없었어요. 창현 아빠는 진도체육관에서부터 조금 발을 들여놨었어요. 남동생이 운동권에 있어서 '어떻게 전개될 것이다, 정부는 어떤 태도로 나올 것이다' 예측을 해서 많이 얘기를 해줘서 "싸워야 된다. 이거는 치열한 싸움이다. 정부와의 싸움이다. 싸움의 대상은 정부다"라는 것을 남동생이 이야기를 해줬어요. 그래서 창현 아빠는 진도체육관에서부터 약간 발을 들여놔서 유가족모임을 그때는 올림픽기념관, [아니] 와스타디움이구나 와스타디움… 거의 매일 모이는데 나갔었고 나는 별로 관심이 없었는데, 5월 8일이었던 거 같아요. 남동생이 계속 이야기했어요. "이건 싸워야 할 일이다, 치열하게 목숨 걸고 싸워야 될 일이다"라고 계속 이야기해 줬어요.

그럼에도 너무 모르는 일이라 그때는 내가 싸워야 된다는 생각을 못 했었는데 5월 8일 날 [KBS] 김시곤 국장이 "세월호 참사 희생자 수가 1년간 교통사고 숫자보다 적다"는 이야기를 해서 부모들이 KBS로 올라갔고, "김시곤 국장 사과해라, 사임해라" 하고 1박 2일 [KBS 항의 방문] 했잖아요. 저는 그때부터였던 거 같애, 합류하게 된 계기는 그때부터였고. 진짜 이렇게까지 철저하게 숨기려고 꼼수를 부릴 줄은 몰랐어요. 특별법 만들 때도 기대를 했었고, 기대를 하니까 싸우는 거잖아요, 결과를 얻기 위해서 싸우는 건데. 어쨌든 5월 8일 첫 번째 김시곤 국장이 사과를 하고 "KBS 길환영 사장이 시켜서… 청와대하고 연결이 되고…" 이런 폭로를 해서 사임을 시키고 이런…. 5월 8일에 [KBS로] 올라가서는 결과는 있었던 거 같애. 국민들한테 많이 알린 계기가 됐고 언론이 너무나 큰 문제라는 걸 부각시켜서 우리가 잘하고 있구나, 성과가 있구나, 싸우면 그래도 결과가 있긴 있구나 이런 생각을 했던 거 같아요.

근데 그 이후로 특별법이 필요하다고 해서 특별법 만드는 과정, 여야 협상하는 과정, 우리가 치열하게 단식을 하고 청와대에 가서 농성을 하고 그랬음에도 특별법에 수사권, 기소권이 포함되지 않는 거 보고 조금씩 알아갔던 거 같애, 정부가 어떻게 나올 거라는 거…. 남동생이 수없이 이야기를 했지만 내가 직접 겪어서 아는 거하고 들어서 아는 거하고 다르잖아요. 그때부터 계속 실망하게 되고 분노로 이어지고… 우리 요구는 정당한 건데 "진실을 밝혀달라"는 요구가 국민들로부터 지탄을 받아야 되고, 경제가 어려운데 나라 경제를 망치는 주범들이 세월호 가족들이어야 되고… 역으로 돌아오는 그런 말들… 지어낸 말들이죠, 다.

우리가 원하는 특별법이 국가유공자보다 더 많은 대우를 받으려는 거라는 유언비어를 지어내고, 방송들이 그거를 내보내고 카톡으로 돌고, 지금도 돌고 있고 이런 것들이 전에는 몰랐던, 전혀 경험하지 않았던 새로운 발견이죠. 세상이 이렇다는 것을 알아버린 거죠, 국가가 이렇다는 거를. 더 많은 것들을… 싸움이 치열해질수록 본모습이 드러나는 거죠. 국가가 어떤지, 이 정권이 어떤지, 정치인들이 어떤지 본모습이 아주 적나라하게 드러나니까 '살 방법은 이민밖에 없는 거 같다'고 생각이 들기도 해요. '사람답게 살려면 이 나라는 희망이 없다. 전 국민이 다 지켜봤으면서도 그런 유언비어에 휩쓸려서 유가족들을 욕하고 비난하는 국민들을 보면 희망이 없다'는 생각이 들어요. 그럼에도 정말 살려고 이민을 가버리면 비겁한 거고, 가서 잘 살 거라는 확신도 없고… 이 싸움을 삶으로 받아들여야 되는 거 같아요. 점점 황폐해져 가는 마음도 계속 싸워야 되는데, 앞으로 관건은 그런 거 같아요. 얼마나 더 내가 황폐해지지 않으면서 이 싸움을 할 것인가, 육체적으로 정신적으로 건강

한 상태로 이 싸움을 할 것인가, 해나갈 것인가 그건 거 같아요.

정권이 바뀌는 게 첫 번째죠, 이번 정권 바뀌어야죠. 그러면 조금의 가능성이 있을 건데 그렇다고 금방 명명백백하게 드러나지 않을 거고, 굉장히 긴 싸움이 될 거[예요]. 왜냐면 세월호 침몰 원인에 거의 모든 비리가 다 얽혀 있잖아요. 십수 년 동안 얽히고설킨 비리 고리들이 세월호에 다 집합되어 있는데, 그걸 다 드러내려면 어마어마한 사람들이 다치고 나라가 뒤집힐 건데 금방 되겠어요? 정권이 바뀐다고 [해도] 그 사람들이 다 연루되어 있고 공범자이고 그럴 건데. 금방 밝혀지지는 않을 거고 결국엔 굉장히 많은 시간들이 10년, 20년 걸릴 거 같기도 하고. 긴 시간을 싸우려면 우선은 건강을 지켜내는 게 관건인 거 같애요. 그래서 전문가의 도움이 필요하고, 이 부분에서 누군가 나서줬으면 좋겠고 그런 거 같아요.

면담자   정신적인 부분뿐 아니라 몸도 지금 많이 아프실 시기잖아요, 나이대도 그렇고. 아버님은 작년인가, 재작년에 수술도 하신 것으로 아는데, 몸의 변화들이 있으시죠?

창현 엄마   많이 아프죠, 안 아픈 데가 없죠. 잠도 못 자고 입맛을 잃어버렸고 먹는 즐거움이 없어요. 〈비공개〉 저는 맛이 없어서 잘 못 먹어요. 잠도 못 자고 안 아픈 데 없죠. 맨날 허리 아프고 어깨·아프고. 그 부분은 제가 인지하고 있어요. 몸이 점점 안 좋아지고 있구나, 인지를 하고 있어요. 그래서 '안 아프게 해야지, 잠 잘 자야지, 치료받아야지' 생각은 하고 있는데 그렇게 되진 않더라구요. 적극적으로 내가 병원 가서 치료를 받고, 온마음센터에서도 맨날 안마받으러 오라고 자리가 빌 때마다 계속 연락이 오는데 별로 가고 싶은 마음이 안 생기고. 내 건강을 챙겨야겠다는 생각은 있어요, 분명히 있어요. 다른 부모님들보다는 제가 더 있는 거 같애요. 건강하지 못하면 끝까지 못 싸운다는 거는 확실히 알고 있어요. 나름 챙기고 있고, 내가 감당 못 할 체력을 동원하는 일은 못 하고, 할 수 있는 만큼 해야겠다는 생각하고 있고. 지금 [중요한 건] 가정 상담, 가족 상담인 거죠. 가족 상담이 이루어지면 몸 안 좋은 것도 치료할 수 있을 거 같아요. 정신적인 부분부터 실마리를 찾으면 적극적으로 치료할 수 있을 거 같긴 해요, 몸 아픈 것도.

면담자   기억을 소환하기 쉽게, 아까 KBS 항의 방문 가셨을 때 당시 상황에서 기억나는 게 있으세요?

창현 엄마   좀 성과가 있었던 거 같애, 이때는. 그래도 국민들이 우호적이었고… 처음으로 안 거죠. 우리가 [유]가족들만 5월 8일 저녁에 출발해서 KBS로 갔다가 청와대로 가서 밤을 새면서 농성을 처음 시작한 건데 많은 분들이 와주셨고, 기자들도 와주셨고. '우리가 요구하는 게 맞는 거구나'. 우린 억울해서, 억울함에서 출발한 거잖아요, 모든 게. 부모니까 내 자식이니까 내 일이니까 당연히 해야 되는 거고 억울함에서 출발한 건데, 국민들이 호응을 해주고 와서 같이 밤을 새쳐 가면서 우리한테 필요한 거 공급해 주고, 뜨거운 땡볕에 동사무소 앞에 도로를 점령하고 앉아 있는데 우리한테 물이랑 그늘막이랑 갖다주시고 돌봐주시고… 그런 모습이 참 좋았고. '잘하고 있구나, 맞는 거구나, 우리의 억울함이지만 우리만의 억울함인 게 아니고 국가를 위해서 이런 거를 해야 되는 거구나'. 특히 언론이 발칵 뒤집힌 거잖아요, KBS 발칵 뒤집혔고. 지금 김시곤 국장 재판 중이던데 어쨌거나 그걸로 시작해서 언론이 얼마나 문제가 있는지 드러났다는 거, 지금 생각해 보면 잘한 일인 거 같아요.

면담자 어머니 개인적으로는 항의 방문이나 집회는 처음 가신 거잖아요. 어색하거나 그러지는 않으셨어요?

창현 엄마 같이 가니까, 나 혼자가 아니고 같은 아픔을 가지고 목소리를 내는 거니까 그건 어렵지 않았던 거 같애요. 억울함은 다 똑같으니까 당연히 해야 되는 거고, 뭉치니까 그게 가능했었던 거 같애, 혼자라면 어렵지만.

면담자 KBS 앞에서 청와대 쪽으로 가게 되는 과정에서 고민하지는 않으셨어요?

창현 엄마 저는 그냥 따라갔어요, 말없이 따라가는. (질문지에 적힌 내용을 가리키며) 이건[국정조사 방청] 안 했어요. 국정조사 때 증인들의 태도는 많이 봤는데, 이거는 창현 아빠가 갔어요.

면담자 아버님이 많이 이야기해 주셨어요. 그러면 6월부터 [특별법 제정 촉구] 서명운동을 시작했었잖아요.

창현 엄마   서명운동은 그때.

면담자   반별로 이렇게 움직이셨죠?

창현 엄마   예, 예, 제일 인상에 남는 거는 불교, 그 어디지? 불교 쪽?

면담자   조계종?

창현 엄마   조계종 말고 서명을 굉장히 많이 해준… 세 글잔데, 그분들이 제일 많이 해줬어요, 서명을 불교 쪽에서. 저희는 수원 쪽으로 7월 12일인가, 버스로 인천을 돌아선가, 아무튼 인천 갔다가 수원 갔다가 마지막에 광화문에서 집회하면서 광화문 농성도 거기서 시작된 거[예요] 아! 그날 국회 농성이다, 7월 12일. 10, 11, 12일이었던 거 같애. 우리 5반이 담당했던 게 인천, 수원 돌아서 광화문으로 가서 마지막 집회하고 국회 농성 들어가서 단식도 들어가고 그렇게 했던 거 같은데. 너무나 서명을 잘 받아주는 그… 전 기독교인인데 불교계 뭐라 그러더라? 그분들이 참 특이하고 인상적이었던 거 같아. 기독교계에서는 별 움직임도 없고 그러는데 저렇게 적극적으로 저분들이 서명을 해주시고 우리보다 가족들보다 더 열심히 해주시는구나, 그게 서명 분량으로 증명이 됐거든요. 그거 기억에 남는 거 같애.

면담자   서명을 받으러 다닐 때 인상 깊었던 일화들이 혹시 있으세요? 아니면 지역마다 다른 느낌이라든지요.

창현 엄마   우리는 회사를 찾아갔어요, 회사. 인천에 노조가 있
는 회사를 갔는데 미리 받아주셨었어. 노조원들한테 미리 받아서
챙겨놔 주시고, 우린 점심시간에 회사 입구에 가서 피켓을 들고 있
다가 같이 점심 먹고 미리 받아놓은 서명 용지를 받아서 오고, 인
천에서는 그랬던 거 같고. 화성시, 수원 화성인가? 기아자동찬가
거기서도 다이[테이블]를 펼쳐놓고 서명받는데, 우리가 서명받고 있
는 저쪽에서도 내가 말한 불교계⋯ 정토회다, 정토회. 정토회에서
도 한 세네 명이 오셔서 서명을 받으시더라구요. 굉장히 열심히 해
주시고⋯ 그때까지도 잘 몰랐던 거 같아요. '참 많은 분들이 함께
해주시는구나, 이게 맞는 거구나' 그런 생각이 서서히 들어가는 시
기였던 거 같애요. 그래서 기대를 했던 거 같아요. 특별법에 대해
많은 서명을 받았고, 국회에서 농성하고 있고, 광화문에서 단식도
하고 있고, 청운동에서도 농성을 하고 있는데⋯.

　아! 결정적으로 지방선거가, 6·4지방선건가 그때 야당이 패하
면서⋯ 야당이 이걸 내걸었잖아요, '세월호 진상 규명해야 된다'고
광화문에서 피켓도 들었는데 패했어요. 그 뒤로 야당의 태도가 세
월호에 대해 별로 관심을 안 가지는 그런 모습을 보였거든요. 그럼
에도 국민들은 여전히 지지를 해주고 있고, 날이면 날마다 농성장
에 찾아와 주시고, 그때 광화문 농성장은 어마어마했잖아요. 사람
들이 날이면 날마다 많이 찾아와 줘서 [우리와 대화하면서] "야당이
지방선거에 참패를 했지만 이거는 진실을 밝혀야 되고, 그래서 특
별법이 필요하고 수사권, 기소권이 있어야만 제대로 된 처벌을 하

고…". 이런 것을 당연히 생각을 했는데 특별법이 제정되는 여야 협상에서 박영선이 꼬리 내리고, 여당의 기세에 짓눌려서 어떤 협상을 했는지 모르겠지만 다 내주고 조사권만 갖고 온 거는 정말 실망이 컸던 거 같아.

면담자   국회 농성이 꽤 길었잖아요. 그때 기억에 남는 일은 없으세요?

창현 엄마   우리가 자리를 잡았는데 출퇴근이라고 해야 되나? 부모들이 맨날 왔다 갔다 하는데 우리를 대하는 태도가 점점 달라지는 거죠, 국회에서. 어느 날에는 갔는데 못 들어가게 해서 담을 뛰어넘어 간 적이 있어(웃음), 돌아서.

면담자   담이 조금 높았는데요.

창현 엄마   높아요, 높긴 높은데 담 넘어 들어간 적이 있어요. 국회에서 그렇게 농성을 한 거는 우리가 처음이라고, 앞으로도 없을 거라고 그러는데 국회 앞마당에 다 노란 종이배랑 바람개비 접어서 엄청나게 많은 조형물들을 만들어냈었죠. 비가 와서 비 맞고 그러면서 없어졌는데 그런 그림들을 남겼다는 건 참 좋은 거 같아요, 지금 생각해 보면. 지금 국회 안 들여보내 주거든요, 세월호 가족들 노란 티만 봐도 막거든, 못 들어가게. 리본 모양만 하고 다녀도 이상하게 보고, 경찰들이. 지금은 경찰들이 대하는 태도가 잠재적 범죄자들, 노란 티를 입거나 노란 리본을 하고 있거나 세월호에 관련한 어떤 표식을 하면 굉장히 경계를 하고 못 들어가게 하더라구, 막더라구. 많이 차이 나요, 일반인하고 세월호 유가족하고 경찰이 대하는 태도가 많이 차이 나. 잠재적 범죄자로 보고 있는 거 같애. 그렇게 대해요, 우리를. 그 당시에는 그렇지 않고 국회도 마음대로 들어갈 수 있었고(한숨).

그렇게 해가면서 우리가 요구했던 거는 제대로 된 특별법, 수사권, 기소권이 들어간, 지금 생각해 보면 진짜 필요했던 거예요. 증인들 안 나오면 그냥 처벌할 수 있는 것들이 필요했는데 언딘은 국정조사도 안 나오고요. 언딘에 대해서는 조사에 응하지 않으니까, 의혹이 굉장히 많은데 밝혀낸 것도 없고 밝힐 생각들도 없는 거 같애. 특조위에서도 언딘 조사해야 될 거 같은데, 분명히 조사해야 된다고 봐요. 첫 번째로 투입된, 근데 언딘이 사람을 구하는 게 아니라 인양 업체였다고 하더라구요. 처음부터 사람을 구할 생각으로 언딘을 투입한 게 아니라 배 인양하러 언딘 바지선이 들어온 거였죠. 말이 안 되는 거잖아요. 사람이 있는데 왜 그랬는지 조사해야 되는데, 언딘을 선정한 이유부터. 언딘이 들어오게 돼서 정말 구할 생각으로 들어왔다면 좀 달라졌을 거 같기도 해요. 구할 생각은 없었던 거 같고, 처음부터 없었던 거 같고… 조사가 필요한 거죠.

지식인과 활동가에 대한 아쉬움

면담자　　　아까 단식 이야기를 하셨는데요, 아버님도 짧지만 단식을 하셨죠?

창현 엄마　　4일 [정도]?

면담자　　　여러 걱정들이 있으셨죠?

창현 엄마　　별로 걱정 안 했어요, 제가 안 해서 그런지. 유민 아빠는 많이 걱정했어요.

면담자　　　길어지니까.

창현 엄마　　네(한숨), 진짜 이해가 안 가. 사람이 죽어가는데, 죽어가는 게 보이잖아요, 하루하루 생명이 꺼져가는 데도 쳐다보지 않는 박 대통령[은] 사람이 아닌 거 같애, 사람의 심장이 아닌 거 같애요. 한번 만나달라고 매번 그 몸으로 청와대를 가는데, 경찰들은 막기만 하고 단 한 번도 응답해 주지 않고… 사람이 아니죠, 그건. 똑같은 거 같아요. 우리 아이들 죽어가게 내버려 둔 거나 '부모들 너희들 죽어도 돼'. 그래도 우리는 대통령 지켜야 되고, 대통령의 7시간은 비밀이어야 하고, 이 정권을 위해서는 너희는 희생해야 돼, 이런 태도는 똑같은 거 같애, 사회 전반에 걸쳐서 지금도. 그때는 국가 개조 이야기도 나왔고 4·16 이전과 이후는 바뀌어야 된다고 너도나도 다 한목소리 냈는데 채 한 달이 못 돼서 싹 정부가 그렇게 바꾼 거죠, 의도적으로.

본격적으로 세월호 지우기, 왜곡하기 그런 매뉴얼이 있었던 거 같애. 생명을 구하는 매뉴얼은 없었지만 어떻게 대응하는지 대응 매뉴얼은 분명히 있었던 거 같애. 아주 치밀하게 적극적으로 국민들로부터 세월호 유가족들을 고립시키고 떼어내고 어떤 소문을 퍼뜨려서 어려움에 빠뜨리고 이런 매뉴얼이 있는 거 같애. 주도적으로 하는 데가 있는 거 같애. 국정원인 거 같고 청와대도 연루되어 있는 거 같고 호응했던 학자들, 대다수 지식인들의 침묵이 너무 야속하죠, 바라보고만 있는. 2차 대전 때 히틀러가 600만 명을 학살한 게 가능했던 필요조건은 책에서 봤는데 그러더라구. '선한 자들의 침묵', 가만히 있는 거, 그걸 보고도 가만히 있는 거. 지금도 똑같은 거 같아요. 지식인이거나 많이 배웠거나 안 배웠거나 상관없이 정말 묻고 싶어. 그 사람들이 왜 공부를 했는지, 왜 지식인이 되었는지. 생명보다 소중한 게 없잖아요. 억울한 생명들이, 생명은 똑같은데, 힘없고 약한 사람들이 계속 쓰러져 가는데 그 부분에 대해서 목소리 내지 않고 자기 밥그릇 챙기고, 내 일자리가 더 중요하고… 과연 그게 양심에서 우러나오는 소리인지, 왜 수많은 시간과 돈을 들여 공부를 했는지 지식인들한테 묻고 싶어요. 제일 야속한 사람들이 지식인들이에요, 저는. 왜 가만히 보고 있는지 이걸.

면담자   지식인들이 해야 할 역할은 어떤 거라고 생각하세요?

창현 엄마   당연히 정부에 소리를 내야지. "잘못하고 있다, 왜 그러냐…" 잘못하고 있는 게 너무 많잖아, 거의 다 잘못하고 있잖아. 국가가, 정부가 행하고 있는 정책들을 보면 국민은 국가를 위해 필요한 소모품으로 여기는 거 같아요, 특히 힘없는 사람들을. 정반대여야 되는 거잖아. 국민을 보호하기 위해 국가가 있는 거지, 국민이 있어야 국가가 성립하는 건데 반대로 "국가를 위해서 정권을 위해서 니네는 희생해도 아무 상관없어" 이런 정책으로 일관하고 있는데도 그걸 지켜보고 있고 잘한다고 박수치고 있고, 잘못하고 있다는 소리를 안 내잖아요. 지식이 있는 이유는, 배운 이유는 그런 데 쓰기 위해서, 공부하는 이유는 그런 거 아니에요? 돈 벌기 위해 뭘 공부를 해, 똑같이 돈 벌기 위해서 공부할 필요가 뭐 있어. 강도가 하는 짓이나 그들이 하는 짓이나 다르지 않은 거 같애. 강도가 될 거면 뭘 공부를 해, 강도짓은 똑같은데. 우리가 말하는 강도나 도둑놈은 대놓고 남들이 다 알게 도둑질, 강도질하는 거고 지식인들이나 정치인들은 법이라는 교묘한 수법으로 그 테두리 안에서 아주 야비하게 강도짓을 하는 거죠. 사람의 생명을 빼앗고 없는 사람들의 재산을 법을 지켜야 한다고 다 빼앗고, 그런 법을 만들어서 서서히 다 빼앗고 있고, 약한 사람들 짓밟고 있고 죽음으로 내몰고 있고 그러고 있는 게 현실이잖아요. 지식인이면, 학식을 쌓았으면 이럴 때 써야죠, 이럴 때 이야기를 해야지. 내 목숨이 위태로울망정 아닌 건 아닌 거잖아요. 사람이 죽어가는 거 보면서 나와 별 상관이 없으니까… 배웠을 때 그렇게 배우지 않았을 거 아니에요. 그냥 지켜보고 있는… 너무 비겁한 거 같애.

50
•
창현 엄마 최순화

면담자   2014년 특별법 제정을 요구하던 활동 당시 좋았거나 힘들었던 것도 있으실 텐데요.

창현 엄마   첫 번째 집회, 100일 집회 기억나는 거 같애. 새벽녘에 장대비가 왔는데(한숨) 첫 번째 집회 때 5만 명 이상 모였다고 했거든요. 5만 명 이상이 모여서 요구를 하는데, 24일까지지만 그때 거리에 주저앉아도 되는데, 첫 번째 집회부터 하다 만 거 같은 생각이 들었는데, 난 나중에 그런 생각이 들었는데 그런 이야기를 하는 사람 많았어요. 그때 청와대 쪽으로 행진을 하다가 말았어. 5만 명이 모였을 때 쭉 밀고 갔으면, 청와대로 밀고 갔어야 되는 게 맞는데. 당시에 이런 시민 활동을 했던 국민대책위의 방식이 지금 야속한 거죠. "왜 못 밀고 갔었나?" 연행될까 봐, 구속될까 봐 그랬다고 그러더라구.

지금도 그래, 지금도 똑같애. 모여서 구호 외치고… 집회 목적이 뭔지를 잘 모르겠어요. 지금도 모이라면 모이는데 미리 겁먹는 거 같기도 하고. 정부가 이럴 거라는 것을 너무나 잘 알기 때문에 우리가 할 수 있는 건 딱 여기까지[라고] 선을 그어놓고 거기까지밖에 안 가는 거 같애. 첫 집회부터 그런 게 보이고, 집회가 거듭될수록 우리 눈에 보이는 거죠, 지금도 마찬가지고. 그렇게 하다 말다 하니까 모이는 사람들도 계속 줄어들고 떨어져 나간 국민들도 많아지고. 그들이 모인 이유는 뭔가 성과를 얻어내기 위한… 길거리에서 잡혀가더라도 끝까지 가보는 시도가 있었어야 하는데. 민주노총이 합류해도 마찬가지더라구. 민주노총도 [한상균 위원장이] 지금 잡혀가서 5년형 받았지만 하다 말더라고, 자기 일이 아니니까. 우리 집회에 수많은 깃발들을 내걸고, 자기네 깃발을 내걸고 집회에 나오긴 하는데 서로 약속을 하는 거 같애, "여기까지만 하자" 그게 눈에 보여요.

면담자　'첫 집회 때 조금 더 했으면 달라졌겠다'라고 생각하는 부분이 있으신 거 같은데, 예를 들어 어떤 점인지요?

창현 엄마　청와대로 행진을 하다가 방향을 틀어버리고 마는 [것 같은 거요]. 분명히 경찰은 막지, 막는데 못 가게 하면 거리에 주저 앉아서 이틀이고 사흘이고, 물론 5만 명이 다 거리에 앉아 있지 않겠지만, 계속 요구하고 있다는 것을 국민들한테 보여주고, 경찰들한테 당하고 있는 모습도 그대로 보여주고 그랬더라면 결과는 달라지지 않았을까? 집회를 위한 집회, 그 이상도 그 이하도 아닌 거 같애. 유가족들은 간절히 원해서 집회를 하는 건데, 도와주는 사람들은 특히 시민대책위 사람들은 아닌 거 같애. 집회를 위한 집회. 집회 한 번 열었다? 두 번 했다? 100일도 열었고 그 이상은 안 가는 거 같애.

8
처절했던 60명 부모들의 삭발 그리고 공권력

면담자　2015년부터 도보 행진도 있었고, 북 콘서트도 아버님과 많이 가셨는데, 그와 관련된 기억이 있으신지요?

창현 엄마   도보 행진 끝나고 2월 13일 날 팽목항에 모였을 때 거기도 많이 모이셨더라구요. 5000명 이상 모인 걸로 아는데, 그때도 뭔가 기대는 됐어. '어마어마한 사람들이 모였구나, 국민의 뜻이 이러면 해가 바뀌었는데 달라지지 않을까?' 그런 기대를 팽목항에서 했던 거 같아요. 그때 저는 『금요일엔 돌아오렴』에 창현이가 나와 있어서 북 콘서트 많이 다녔는데, 간담회도 다니고. 그러면서 이게 일로써 대하는 태도가 저한테 생기더라구요. 정말 절실해서 간절해서… 물론 간담회 현장에 가거나 『금요일엔 돌아오렴』[북 콘서트] 현장에 가면 절실함이 간절함이 나오죠. 본심이 나오는데, 횟수가 늘어나니까 이거를 바라보는 시선이 일로써 바라보기도 하는 거 같다는 생각이 들었었어요.

그래서 그러지 않을라고 자신을 많이 돌아봤던 거 같고, 『금요일엔 돌아오렴』 책 나오고 베스트셀러에도 올라가고 상도 받고 그러면서 '국민들이 이 책을 읽으면 좀 바뀌지 않을까?' 실제로 읽어본 분들은 많이 놀라시더라구. 우리가 겪은 것들을 방송으로만 보다가 유가족의 목소리를 직접 듣고 책을 읽어보면 너무 차이가 큰 거지. 갭이 큰 거지, 내가 알고 있던 거하고 유가족이 겪은 건 큰 차이가 있어서… '직접 가서 말하는 게 제일 효과가 있구나' 많이 느꼈던 거 같애. 직접 가서 대면하고 이야기하는 것이 가장 효과가 크다는 거, 그래서 간담회를 계속 다녔던 거 같고 북 콘서트도 마찬가지로 다녔던 거 같고. 대학생들을 많이 만났어야 됐는데, 학생들이 학교를 다니기 때문에 만날 수 있는 기회가 많지 않아서 많이 아쉽더라구.

1주기 됐을 때 기대했던 건 최소한 같은 나이대 97년생 위아래 애들, 고3이긴 하지만 지 친구들이니까 2015년에 1주기 때 되면 수업 거부하고 뛰쳐나오지 않을까 그런 기대를 했었어요. 근데 없었지, 학교에서도 원하지 않았고 부모도 원하지 않았을 거고. 나는 걔네들은 그렇게 할 거라는 기대가 있었어요, 친구들 일이니까. 우리가 만난 대부분의 97년생들은 내 일처럼 크게 아파하고 한없이 울고 그런 애들이어서 그랬는데, 1주기 때 싸늘한 그날을 기억하면 많이 아쉽죠, 지금도 그런 생각해요.

2주기 때도 그런 기대를… 실제로 간담회 가서 그런 이야기를 했어, 대학교 가면 "니네들 1주기 때 학교에서 공부가 되더냐? 다 나왔어야지. 수업 거부하고 거리로 뛰쳐나왔어야지, 공부가 되더냐?" 그런 질문들 했고, "2주기 때는 나와라. 공부하지 말고 나와야지 어떻게 공부한다고 학교에 있냐?" 그런 이야기 했는데, 포항에 한동대 가서 이야기했는데 2주기 때 안산으로 오긴 왔더라고. 가족들의 이야기를 직접 들으면 사람들 생각은 많이 변하는 거 같아요. 지금도 계속 그러는 거 같고, 그래서 간담회는 계속 필요하고. 그런데 시간이 갈수록 부모들도 병들어 가고, 같이 하는 사람들도 힘들어하고, 점점 힘든 거죠. 부모들도 힘들고 함께 해주는 사람도 힘들고…. 그래도 여전히 함께 해주는 사람들은 많이 있는 거 같애. 마음으로 하고 싶어도 여건상 못 하는 사람도 참 많은 거 같고.

면담자   1주기 때 이야기가 나와서 드리는 질문인데, 삭발식 하고 도보 행진할 때 어머니도 계셨어요? 그때 이야기들이나 느낌들을 말씀해 주세요.

창현 엄마   4월 2일은 화성에서 북 콘서트가 잡혀 있어서 광화문에 못 갔고, 다음 날 4월 3일 일요일인 거 같아요. 4일이었나? 4일이구나. 일요일 날 안산에서 삭발을 했는데 그때도 비가 와서… 영정 사진을 들고 아이랑 같이 간 거죠. 영정 사진을 안고 비 묻을까 봐 조심조심하면서 1박 2일을 걸었는데, 그렇게 많은 엄마들이 삭발했다는 건 흔치 않는 거잖아요. 더군다나 빗속을 걸으면서 시행령 폐기하라고… 특별법을 무력화시키는, 조사를 못 하게 하는 정부의 꼼수가 시행령에 담겨 있어서 "우리가 어떻게 만든 특별법인데 하위 시행령을 가지고 정부가 장난을 치냐?" 우리가 할 수 있는 게 자기 몸이 도구가 되는 거였어. 단식도 안 되고 할 수 있는 게 없어지는 거지, 아무것도 안 통하니까.

그러니까 택한 게 삭발인 거 같은데 60명에 가까운 부모들이 삭발을 하고 영정 사진을 들고… 아마 가장 처절한 싸움이었던 거 같애. 국민들이 가장 보기 힘들었던 모습이 이 모습이었던 거 같애요. 엄마들까지 삭발을 하고 아이들 영정 사진을 들고 비옷을 입고 비를 맞으며 걸어야 하는 이 나라… 그럼에도 조금 바꿨죠, 시행령을. 3월 27일 날 발표됐고 시행령 싸움을 한 달 정도 했다가 5월 11일인가 정부가 5월 달에 시행령을 조금 바꿔서 발표를 하고 특조위가 구성이 돼서 8월 달에 예산을 받아서 가동이 됐는데….

개인적으로 제일 처절한 싸움이었던 거 같애, 제일 마음 아픈. 싸움의 도구가 자신을 향한다는 게, 우리 몸이 싸움의 도구가 될 수밖에 없는 현실이…. 그걸 제일 맘 아프게 보여준 게 이때였던 거 같고, 더 이상 없다는 거. 우리 몸을 싸움의 도구로 해왔는데 이 래도 안 되고 저래도 안 되고 별짓을 해도 안 들어줘. 일관된 태도 로 안 들어주고 오히려 방해하고 막고 그러니까 마음까지 힘들어 지고 그런 거 같아요. 5월 1일까지 계속됐구나, 맞다. 아빠들이 5 월 1일 날 목에 밧줄을 걸었어. 청와대로 간다고 서로서로 밧줄을 걸고 그렇게까지 하는데도 눈 하나 깜짝 안 하고 '니넨 그래라. 니 네 죽거나 말거나 상관없어' 이런 한결같은 태도로 청와대나 정부 는 대하고… 참 처절했네요.

면담자   1주기를 전후로 경찰들도 많이 바뀌었잖아요. 그때 기억에 남는 일화들이 있어요?

창현 엄마   경찰이 바뀌어요?

면담자   경찰이 바뀌었다기보다 진압도 하고 그래서 어머님 들이 병원에 실려 가기도 하고 그랬잖아요.

창현 엄마   우리에 대한 태도?

면담자   그죠, 부상당해 입원도 많이 하셨잖아요.

창현 엄마   그러게요. 우리 앞에 있는 애들이 경찰이니까, 걔네 들이 모든 욕을 다 먹어(웃음). [경찰들도] 그냥 시켜서 할 뿐인데,

온갖 욕을 먹고. 그럼에도 걔네는 우리를 막아야 되고… 똑같은 약자끼리 싸우게 하는 거잖아. 안타까우면서도…(한숨) 창현 아빠가 잡히던 날이 며칠인가? 4월… 하여튼 잡혀가서 강동경찰선가에서 꼬박 이틀 있었고, 지금도 2심에서 벌금 나왔는데.

창현 아빠가 잡혀가는 걸 보고 내가 항의를 하는데 어떤 경찰이, 나쁜 놈들도 있더라고. 나한테 "그래 때려봐요, 때릴려면 때려봐요" 이러는 거야, 어떤 놈이 내 앞에서. 기가 막히더라고. 잡아갈라고 어디나 채증은 하고 있고, 슬슬 약을 올리는 거야. 경찰들 신체에 손을 대는 것을 유발하기 위해서 한 놈이 그러더라구. "그렇게 억울하세요? 때릴려면 때려요. 때려요". 나한테 그래. [경찰에게] 불쌍한 생각이 들다가도 '저런 놈도 있구나' 그런 것도 배운 것 같아요. 일부러 자극을 시켜서… 지시를 받은 거 같애, 그런 생각이 들더라구. 유가족 자극시켜서, 흥분시켜서 경찰 몸에 손을 대게 하고 잡아가고, 잡아가는 것도 경찰이 [우리를] 차도로 몰아가지고 차도로 가면 또 잡아가고. 캡사이신 눈앞에다 쏘고 뭘 몰라가지고 이렇게 헤매고 있는데 잡아가고… 그게 수법인 거 같애. 많이 연행하기 위해서 그런 지시를 받는 거 같애. 그런 경찰들 보면 기가 막히지. 그런 행동들을 하면서 [그들은] '난 잘하고 있어' 그런 생각들을 할지. 시키는 대로 했으니까 잘했다고 하는 거 같애, 그 위에서는. 어디가 뚫리면은 뚫린 부대 대원들은 단체로 불이익을 당하기도 하고 그렇게 압박을 하기 때문인 거 같은데… 우리가 그들하고 싸우는 건 아닌데, 윗대가리들하고 싸우는 건데 최전방에서 부딪치는 애들은 경찰 의경들인 거라. 이것도 비참한 거 같애, 약자끼리 싸워야 하는 게. 말단, 최말단, 최하위잖아, 경찰 중에서. 애들을 방패막이 삼고 지네는 멀찌감치 서 있고 채증만 하고 있고 위에서 는 지시만 하고 있고. 실제로 다치는 사람은 애들인 거지, 잘못하면 뚫렸다고 가서 혼나고 징계받고.

9
동거차도 감시 및 인양, 교실 존치 싸움

면담자   작년에 동거차도 감시 활동이 있었고, 교실 싸움도 있었잖아요. 참여하셨었죠?

창현 엄마   (한숨) 동거차도는 제가 안 가봤어요. 안 가봤는데 어 쨌거나 [인양 작업] 감시를 하고 있으니까 지네들 마음대로 못 하고 밤에 작업들을 한다고 그러더라고. '니네 우리가 지켜보고 있어' 이 런 신호를 주는 거잖아요, 그거 외에는 없거든. 망원경으로 보고 있어도 효과적인 뭔가 저들의 행동을 저지하는 감시는 불가능하니 까, 사실은. 우리가 지켜보고 있다는 신호를 계속 주는 건데 결과 적으로 보면 달라지는 거 없고. [정부는] 지금 배를 쪼갠다는 건데… 우리가 할 수 있는 거는 다 해본다는 거에 대해서는 칭찬할 만한 거 같아요. 동거차도의 감시가 계속되니까 국민들이 성금도 모아 주고 돔도 지어주고 [동거차도] 주민들하고도 잘 지내고.

진짜 바람은 인양을 제대로 하라고, 온전하게 하라고 그랬던 건데 감시하고 있음에도 불구하고 쪼개서 인양한다니 [국민들을] 전혀 개의치 않는 거지. 국민들이 지켜보고 있다는 신호를 주고 있는데도, 어떤 저항을 해도 눈 하나 깜짝하지 않는 일관된 정부의 태도, 그거는 분명히 감춰야 되는 뚜렷한 이유가 있기 때문인 거 같애. '이건 감춰야만 돼, 드러나면 안 돼' 이런 정부의 의도가 분명하게 드러나는 거 같애. 그럼에도 우리가 어떤 저항을 하든지 그대로 할 건데, 어떻게 저항을 해야 되나?(한숨) 참 난감한 거 같애. 동거차도 감시도 효과를 못 내고, 결국엔 배가 쪼개지는 걸 막지도 못하고 눈 뜨고 당하고 있는 거야, 그게 권력이니까. 정당하잖아요, 우리가 정당한 요구하고 있는 거잖아요. "온전히 인양해서 조사해라, 왜 침몰했는지". 그거거든요. "사람부터 찾아라, 사람 찾으려면 배 안에 깨진 창문들, 유실 방지 대책 철저히 하고 유실 안 되게 그물막도 다 쳐라", 이런 것들 요구하는 거 당연한 건데 하는 시늉만 했던 거 같애. 시늉만 하고 밑에서는 자기네들 처음부터 짜놓은 시나리오대로 해왔던 거 같애.

교실 문제도…(한숨). 우리 유가족 중에도 달라지지 않은 부모들 있어요, 분명히. 똑같은 가치관, 돈에 대한 욕심, 자식을 잃고도 돈을 좇는 사람들이 있고, 이전에 살던 삶으로 돌아가는 똑같은 사고방식으로 똑같이 살아가는 사람들 분명히 있던데, 우리가 뭐라 할 수 없죠, 본인의 삶이니까. 재학생들 부모들이 학습권을 침해하니까, 애들 공부하는 데 도움이 안 되니까 교실 빼라고 주장하거든요. 재학생들이 공부해야 되니까, 공부에 방해되니까 다른 데로 옮겨라….

[단원고에서] 신입생을 많이 뽑았거든요, 300명 넘게. 이 아픈 학교에 왜 [그렇게] 많은 신입생들이 들어왔을까? 그건 부모의 입김이 많이 작용했을 건데, 단원고에 들어온 수많은 돈을 보고 들어온 게 아닐까, 단원고를 정상화시키기 위해 어마어마한 돈이 들어왔다고 하는데 그 혜택을 받기 위해서 많이 들어온 거 같아요. '국민들이 보내준 돈 보고 단원고를 많이 지원한 거 아닌가?' 좋은 학교라기보다 혜택을 받기 위해서. 실제로 그렇게 광고를 냈다고 하더라고요, 교장이. 그 돈이 어떤 돈인데, 애들 250명, 선생님 12분의 희생으로 들어온 돈인데 그 돈은 자기네가 쓰고 "니네는 재학생들 공부하는데 방해되니까 나가" 이런 거잖아. 우리가 보기엔 그런 거 같애. 인간적으로 그럼 안 되는 거지. 대놓고 그렇게 말하진 않았어요. 속셈이 그런 거야, 속마음이 그런 거 같애. 재학생들한테, 국민들한테 교실을 왜 지켜야 되는지 왜 존치해야 하는지 이유에 대해서는…….

여기는 "가만히 있으라"는 그 말 때문에 304명이 희생되었는데, "'가만히 있으라'는 그 교육 때문에 사람들이 희생된 사건의 현장을 볼 수 있는 게 여기다, 여기는 사건의 현장이다, 최소한 그 교육만큼은 이 사건의 현장을 보고 바뀌어야 된다, 단원고부터 바뀌길 바란다…". 우리나라에 [소위] 교육을 걱정하는 사람들은 아무리 교육이 좋다지만 생명이 죽었는데 거기다 무슨 교육을 들이대. 생명의 가치를 최우선으로 하는, 안전을 최우선으로 하는 그런 교육이 선행되지 않고 무조건 공부 잘하고 좋은 직장 갖고, 이런 교육 그만하라는 거죠. 그런 [새로운] 교육의 시작이 단원고에서부터, 단원고 교실 존치로부터 시작되길 바라는 거고. 그건 단원고에서 시작하는 게 맞는 거잖아. 우리 유가족들이 요구하기 전에 생각이 있다면 교육청에서 먼저 했어야 되고, 정부가 생각이 있다면 정부에서부터 했어야지, 우리 유가족이 요구하기 전에 먼저 했어야지. 교육을 정말 걱정하는 사람들이라면 이 현장을 보고 어른들이 무슨 짓을 했는지 철저하게 깨달을 수 있는 그런 장소로 활용하고 교육의 현장으로 활용하는 게 맞다고 보는 거죠. 그래서 보존되길 원하고 있고 역사적으로도 계속 보존해서 '생명보다 더 소중한 거는 없다', 첫 번째 그런 교육이 되길 바라고요.

같은 마음으로 지금도 지켜보고 있는데, 우리 아이들이 더 원하는 거 같아요. 교실 보존되기를 원하는 거는 250명 희생자들, 열두 명의 선생님들이 더 원하는 거 같애. 그래서 5일 날부터 15일까지 단기 방학을 해서 애들 어학연수 보내고 [기억교실을] 열흘 동안 리모델링해서 [막] 새로운 교실로 만들어서 '새로운 공부를 여기서 시작할 거야'라고 단원고가 계획을 세웠고 진행하려고 이삿짐 차도 부르고 했지만 [유가족 부모들에게] 첫날부터 들통이 났고, 우리 아이들 제적시킨 것도 들통이 났고… 우리한테 숨겼지만 다 들통이 났잖아요. 그 이후로 협약식을 해서 그 내용에 대해서 준수하기로 했는데…. 재학생 부모들이 "단원고 따로 지어달라"고 그렇게 요구하고 있으니까 "여기[단원고] 말고 우리가 나가겠다. 연수원에서 먼저 아이들 수업받게 하도록 학교 지을 동안 그렇게 해달라" 요구를 한다고 그러더라고. 그게 우리 아이들이 원하기 때문인 거 같애, 그렇게 되는 거 같애, 그 상황이… 그렇게 되었으면 좋겠어… 그게 맞는 거 같애. 학교를 따로 지어서 나가서 예전처럼 교육을 하든 그거야 교육청이 알아서 하겠지만, 이 교실이 주는 교훈, 교실을 통해서 아이들이 남기고자 하는 메시지들, 교실을 통해서 아이들이 얘기하는 것들은 계속 두고두고 교훈으로 사람들한테 남겨져야 되는 게 맞는 거 같아요. 그렇게 되길 바래요. 그들이 더 강하게 교실을 지어달라고 요구하길 바라고, 그 요구에 부응했으면 좋겠어. 교실은 남겨지고……. 11월 14일 날 백남기 어르신도(한숨), 정말 말이 안 되는 거지. 사람을 그렇게 해놓고, 사과 한마디 없고(한숨).

10
재판 방청, 진상 규명의 키

면담자   재판도 보셨나요?

창현 엄마   (침묵) 다 속 터지는 이야기들이지.

면담자   죄송해요. 속 터지는 것만 물어봐서요.

창현 엄마   재판할 때 본 선원들의 모습, 국정조사 할 때 불려 가서 대답하는 선원들, 청문회 할 때 대답하는 선원들, 관계자들… 다

짜고 치는 고스톱 같아요. 이미 첫날 지시를 받았잖아요. 선장은 해경 집에 가서 재우고, 국정원 직원으로 추정되는 사람은 왔다 갔고, CCTV 지워져 있고, 선원들은 한 모텔에서 한 방에서 재우면서 서로 말을 맞추고… 그런 과정이 있었는데, 짠 대로 증언을 하는 거 같애. 청문회에서 어떤 한 선원은 1차 청문횐가, 2차 청문횐가, 새로운 진술들이 많이 나오긴 했어요. 선원 한 명하고, 가만히 있으라고 계속 방송했던 강해성이 "청해진해운의 지시를 받아서 가만히 있으라는 방송을 계속했다"고 진술을 했는데 이제 좀 나올 거 같애, 더 많은 사실들이 계속 나올 거 같애. 짜고 치는 고스톱이긴 하지만 어쨌든 간에 사람들 마음은 계속 바뀌는 거 같고요. 이 정권이 말기로 가고 있기 때문에… 정권 말기가 되면 관계자들이 어디에 줄을 설 건지 간을 본다고 하더라구요. 증거를 갖고 있는 사람들이나 관계된 공무원들이 수없이 많지. 공무원들이 그 많은 자료들을 갖고 있고 사실이 뭔지 알고 있고, 그러면서 진실을 내놓기도 하고 그런다고 하더라구. 점점 많은 사실들이 드러날 거 같애.

지난번에 [인양 작업 중] 선수 들기 실패하고 나서 410톤의 철근이 제주해군기지로 가기로 했다는 것도 나오고, 처음부터 그 배를 들여온 이유가 강정 해군기지에 화물 물류를 실어 나를, 건축자재를 실어 나를 배가 필요해서 도입된 거 같다는 얘기도 있어요. 그 말이 신빙성이 없는 건 아닌 것 같고, 분명히 국정원은 관계되어 있어. '세월호가 사고가 나면 국정원에 보고하게끔 돼 있다'는 그거부터 시작해서 국정원이 개입된 거는 사실이고, 어디서부터 어디까지 개입되어 있는가는 [아마] 처음부터 끝까지 같애. 배를 도입할 시기부터 침몰까지 온전히 개입이 돼 있는 거 같애. 그래서 그렇게 죽어라고 막는 거 같고 덮으려고 하는 거 같고요. 근데… 어떻게 다 막겠어, 그들이 물샐틈없이 막는다고 그게 다 막아지나? 새로운 사실들은 계속 나올 거 같아요, 더 많이 나왔으면 좋겠고. 근데 언론이 안 다뤄주면 국민들은 모르거든. 새로운 사실들이 청문회를 통해서도 밝혀졌고 계속 새로운 증거들이, 사실들이 나오고 있는데 지금도 주류 언론들은 침묵하고 있잖아. 어버이연합이 전경련으로부터 돈을 받고, 청와대 누군가하고 계속 연결이 돼 있고, 그래서 시민들이 고발했는데도 조사 안 하고 있고, 시도조차 안 하고 있잖아. 그래서 집회에 또 나오더라구, 어버이연합이.

면담자   다시요?

창현 엄마   다시 나왔어. 믿는 구석이 있으니까 나오는 거지. 무슨 짓을 해도 우리는 괜찮아, 그런 믿음이 있으니까 또 나오는 거지. 근데 분명히 바뀔 거라는 거, 그 분위기는 바뀔 거고 결정적인 게 내년 대통령 선거 때 여당이 되면 안 되지. 그거는 전 국민이 공감해야 하는 가장 큰… 대통령을 뽑는 게 내 삶과 직접적인 연관이 있다는 거를 전 국민이 알아야 될 거 같애. 알아야 제대로 된 정보를 가지고 지역주의에 의존하지 않고 사람을 뽑고, 그래야 희망이 있고. 이민밖에 답이 없다는 생각을 하고 있는 사람이 30대가 제일 많더라구. 그래야 좀 희망을 보죠, 바꿔야. 괜찮은 사람들이 많이 있다, 국민들이 다 공감했으면 좋겠고 더 열광해서 정권 바꿨으면 좋겠어. 그 부분에서 언론은, 국정원은 분명히 또 장난질을 할 거구, 계속 해왔던 거처럼 장난질은 또 할 거 같애, 대선 때도. 국회의원 선거 때도 중국에서 북한음식점 종업원들 데려왔잖아요. 거의 국정원이 데려온 거 같다는, 그걸로 장난칠려 했지. 그게 보기 좋게 참패를 했고, 대선 때도 분명히 수작을 부릴 건데 국민들이 깨어 있어야 속지 않고 나쁜 놈을 뽑아내겠지. 덜 나쁜 놈, 차악을 선택하는 거지, 최악보다는. 박근혜 정부하에서는 기대할 게 없죠. 어제 라디오에선가 신경민 의원이 그러더라고. "박근혜의 최대의 적은 박근혜다" 그 말이 맞는 거 같애. 멍청하게 새누리도 그걸 쫓고 있어. 지 다칠까 봐 그런가? 뻔히 잘못 가고 있는 게 보이는 데도 새누리당 의원들도 여전히, 국회의원 선거에서도 그렇게 패했음에도 편을 들고 있고. '뭔가 단단히 씌었구나, 진짜' 그렇게 생각할 수밖에 없는 거 같아요.

가장 가까이로는(한숨) 인양 싸움. 배를 조각내서 인양하겠다는 해수부의 방침에 대해서 '어떻게 싸울 것인가?' 고민하고 있는 거 같애, 임원들도. 그래서 해수부 내려간 건데 별 방법이 없을 거 같애. 다 같이 배 타고 가서 뛰어들어야 하나? 한 번쯤 해봤으면 좋겠어, 한 번쯤. 해경이 막을 건데 그래야 부모들이 덜 미안할 거 같고, 해볼 수 있는 건 다 해봐야 하는데(한숨). 〈비공개〉

면담자 길게 이야기해서 목이 아프신 거 같은데요. 좀 더 할까요, 아니면 다음에 할까요?

창현 엄마   오늘은 여기까지 할게요.

면담자   그러면 기독인 모임과 간담회, 합창단 활동에 대한 이야기처럼 오늘 하지 못한 이야기는 다음에 더 해주세요. 긴 시간 내주셔서 감사합니다.

2회차

2016년 10월 31일

1
시작 인사말

면담자   본 구술증언은 4·16 사건에 대한 참여자들의 경험과 기억을 기록으로 남김으로써 이후 진상 규명 및 역사 기술에 기여하고자 합니다. 지금부터 최순화 씨의 증언을 시작하겠습니다. 오늘은 2016년 10월 31일이며, 장소는 안산시 정부합동분향소 내 기독교방입니다. 면담자는 김향수이며, 촬영자는 박은수입니다.

2
기독인 모임과 진짜 위로

면담자   안녕하세요. 지난번에 뵐 때가 7월 여름이었는데 지금이 10월이니 뵌 지가 석 달이 훌쩍 지났네요. 그동안 어떻게 지내셨는지요?

창현 엄마   그냥 시간 가니까 계절이 바뀌어 있네요. 겨울인 거같아, 오늘은. 어떻게 지내고 이런 거에 의미는 없고 우리 상황이 진척됐냐 안 됐냐 그게 관심사이고 관건이고, 그거에 따라 시간이 가는 게 의미가 있는 거 같아요.

면담자   어머니, 저희가 지난번에 2년 가까운 동안의 활동에 대해 말씀을 나눴는데요. 오늘은 기독인 모임, 공동체 활동 등과 함께 지난 2년 동안 생각이나 삶의 변화에 대해 여쭤보려고 합니다. 처음으로 기독인 모임에 나가시게 된 과정부터 여쭤볼게요. 처음엔 모임이 따로 있었던 게 아니죠?

창현 엄마   아니죠. 컨테이너도 처음에는 없었고, 제 기억엔 2014년 7월에도 없었어요, 기독교 예배실 컨테이너가. 옆에 가톨릭은 있었고. 그때쯤이 서명을 시작하는 시점인데, 그 불교?

면담자   정토회?

창현 엄마   예. 정토회에서 놀라울 정도로 단기간에 서명을 많이 해주는 시점에서 '기독교는 뭐지?' 그런 생각을 하고 있던 차에 수원으로 우리 5반이 전국 버스투어 서명을 갔는데, 수원에 현대자동차, 기아자동차… 화성인가 보다 화성. 화성에서 점심시간을 이용해서 근로자들한테 서명을 받고, 수원으로 이동해서 거리에서 서명을 받고… 7월 초인데 그게 뭐하고 맞물렸냐면 국회 국정조사 기간에 버스투어 서명 마지막 날하고, 국회로 가서 국회 안에 자리를 잡고 투쟁하는 거하고 맞물렸던 거 같아요. 아무튼 중요한 시점에, 그때가 7월 초였는데 기독교 매체 ≪뉴스앤조이≫라고 있어요. 거기 기자가 어떻게 연결이 돼서 인터뷰하던 중에 그 얘기했던 거 같애. "정토회는 몇 주 만에 100만이 넘게 서명을 전달을 하는데 기독교는 전혀 미동도 없다. 그리고 여기 컨테이너도 없다" 그런 얘기를 했던 거 같은데 그 뒤로 어느 날 보니까 생겼더라구, 기독교 예배실 컨테이너가. 예은 엄마가 많이 노력을 해서. 정확히는 모르는데 그런 거 같아요. 예배실이 생겼고, 지금은 수요일 날, 목요일 날, 일요일 날 세 번 정도 정기적인 기독교 모임이 있는데, 그때는 뭐부터 시작되었는지 모르겠네, 목요기도회하고 주일날 예배가. 예은 엄마가 교회 전도사기도 하니까 노력해서 화정교회 목사님, 박인환 목사님하고 같이 도와준 거지. 박인환 목사님이 많이 도와주셔서 예배실이 생겼고, 찾아오는 사람이 없어서 중간에 없어질 위기도 있었지만 예은 엄마하고 화정교회 박인환 목사님이 많이 노력을 해서 계속 유지가 되고, 지금은 이 컨테이너 중에 제일 활발히 활동하고 있는 게 기독교 예배실이고 영향력도 많이 끼치는 거 같애.

아빠공방이나 엄마공방 도와주는 거, 처음에 엄마공방 생겼을 때도 거의 기독인들이 도와주고, 현재 아빠공방도 교회 목사님들이 교회에서 도와줘서 운영이 되고 있는 걸로 알고 있고. 식당에 반찬이 지원이 되거든요, 반찬값이. 그것도 교회 쪽에서 지원을 해주고 있고…. 점점 사람은 늘어나요, 여기를 찾는 사람들은. 월요일은 아니고. 월요일은 합창 연습을, 사람들이 많아져서 컨테이너가 두 개로 합쳐져서 넓은 공간이 되면서 우리 합창단도 여기를 연습실로 이용하고 있는데, 월요일도 이용하고. 누구나 이용할 수 있는 열린 공간이기도 하고, 많은 사람들이 이용하는 공간이고 찾아오는 공간이기도 한 거 같아요. 수, 목, 금뿐만 아니라 구술도 여기서 하고 간담회도 하고. 공간이 넓다 보니까 영화 상영도 가능하더라구요. 학생들이나 단체, 교회에서 오면 영화 보고 간담회도 하고, 그런 것들이 주중에도 계속 이어지는 거 같아요.

면담자   기독인 모임이나 기독인으로서 활동하시면서 인상 깊었던 일도 있으셨죠?

창현 엄마   처음에는 신앙인으로서 억울하게 자녀를 잃어버린 부모가 교회 안에서 신앙생활을 계속한다는 게 힘들었어요, 너무 안 맞아서. 정서가 안 맞고 실제 삶과 동떨어진 그들만의 언어, 그들만의 세계에 갇혀 있는 게 교회인 거 같아서 저는 1년 만에 나왔는데. 몇십 년, 3, 40년 이상 교회 공동체, 기독교라는 소속감이 큰 거였는데 막상 나오고 보니까 소속감이 없어졌다는 게 굉장히 허탈하잖아요. 근데 다행히 여기 기독교 예배실이 있었고 여기를 중심으로 신앙생활을 하는데, '교회를 박차고 나온 게 어찌 보면 섣부른 행동이었고 그 누구한테도 지지받지 못할 행동이 아니었을까'라는 염려가 있긴 있었죠.

여기 오면서는 그런 생각을 하는 사람은 만나지 못했고 오히려 "잘했다, 그게 당연한 거다"라고 내 행동에 대해서 지지해 줬고. 그러면서 진상 규명을 하는 우리 부모들 혹은 우리 유가족들과 함께 동조하고 있는 그 사람들의 생각과, 전반적인 한국 교회와의 생각은 너무나 거리가 먼… 멀리 떨어져 있는 진상 규명을 원하지 않는 정부 쪽에 있는 게 교회라는 게 확실히 보이기 시작했죠. 낯선 길이니까, '투쟁'이라는, '싸움'이라는 단어 자체가 주는 것도 그렇지만 어쨌거나 정부와의 싸움이기 때문에 이 길에 신앙마저 내팽개

치고 싸움에 앞장서는 입장에서(한숨) 생각이 많이 있었는데, 내가 염려하는 부분들을 해소해 준 게 이 공간인 거 같아요. 여기서 만난 사람들을 통해서 '이것이 정말 신앙인이 가야 하는 길이고 너무나 잘하고 있다, 하나님이 원하고 있다' 이런 생각들이 여기를 나오는 사람들을 만나면서, 찾아오는 사람들과 대화를 하면서 혹은 예배 시간에, 성경 읽는 시간에 대화를 통해서 그 생각들이 많이 굳어졌고. '나는 옳은 일을 하고 있다' 이것이 옳은 길이라는 생각을 굳어지게 한 곳이 이곳이고, 잘하고 있다고 언제나 얘기해 주는 곳이 이곳이고, 그래서 맘이 편하죠. 제 마음이 편한 곳이 여기고, 힘들 때도 물론 있는데 여기를 통해서 만나고 연결된 사람들이 항상 주변에 있다는 확실한 믿음이 생겼어요. 이곳을 찾아오는 사람들을 통해서 '우리 말고도 우리를 지지해 주는 사람들이 있구나, 너무나 많이 있구나' 점점 더 확신이 들고, 새로운 삶의 출발점이기도 하고, 계속 그 길을 가게 하는 원동력을 얻는 곳이기도 해요.

면담자   예배나 간담회, 성경을 읽는 모임에서 힘을 얻으신다고 했는데, 관련해 기억에 남는 일화도 있으세요?

창현 엄마   [그분들이] 목요일이나 주일날 찾아오거든요. 그분이 찾아오셔서 예배를 드려주고, 유가족들이 참석하는 형식으로 진행이 되고 있는데 언제나 똑같이 "당신들이 하는 일이 옳습니다. 하나님이 기뻐하실 겁니다, 기뻐하는 일입니다" 이렇게 말하는 사람이 있는 건 아니에요. 어쭙잖은 위로를 하려드는 사람들도 많이 있어요, 이곳에 와서. 교회 안에서 했던 것처럼 "하나님이 뜻이 있다" 하면서 하나님과 연결시켜서 우리를 설득하려는, 교회 안으로 들어가라는 혹은 은혜 안에 머물라는 식으로 얘기하는 사람들도 있고, "여러분의 일입니다. 여러분들 스스로 이겨내야 합니다" 이렇게 딱 부러지게 당당하게 말한 분이 □□교회 김×× 목사님이라고 있어요. "여러분들이 짊어져야 할 십자가입니다. 여러분들 힘으로 해야 합니다". 우리가 해야 할 일이고 하나님이 기뻐하시는 일이면 큰 교회에서 도와주길 원하는데, 옳은 길이면 함께 가주길 원하는데, 사람도 동원이 되고 여러 가지 면에서 필요한 것들이 많이 있으니까 그 길을 함께 가기를 원하는데 그렇지 않고 여러분의 일이니까 여러분이 이겨내야 한다, 이런 식으로 말씀을 하셨다고 그래요.

그때 나는 없었는데 실망스러웠고, 저것도[기독교 컨테이너 안 물품] □□교회 청년들이 준 거고, 저것도 거기서 가져다준 거지만 거리감은 있는 거 같아요. 실제 여기에 찾아오는 것도 세 달에 한 번, 두 달에 한 번 정기적으로 로테이션이 되거든요. 세 달에 한 번, 네 달에 한 번 점점 그 텀[간격]은 길어지는 거 같아요. 그분들이 와서는 여기의 분위기에 압도가 되고, 우리가 원하는 얘기를 해줘야 된다는 건 있을 거 같애. 그럼에도 다시 교회로 돌아가면 성도들을 이끌어야 하는 목회자의 입장에서 어떤 말을 해야 하는지 그런 건[고민은] 있을 거라 생각해요. [그럼에도] 여전히 거리는 있는 거죠. 여기 찾아오는 분들이 여기 왔을 때 한 말을 교회 가서도 그대로 유지하고 실천하고 선포하고 그러지는 못 할 거예요. 왜냐면 성도들이 다르니까. 개개인의 목회 방향도 다르고 교회마다 추구하는 것들이 있으니까.

그럼에도 불구하고 한 번씩이라도 여기를 방문하는 교회와, 여기 예배실이 있는지 분향소가 있는지도 모르는 교회들이 훨씬 많거든요, 태반이거든요, 그런 교회와는 다르죠. 여전히 유가족들이 싸운다는 거를 알고 있고, 낮은 자의 하나님, 가장 낮고 천한 모습으로 오신 예수님의 모습을 볼 수 있는 곳이 이곳이고, 현장에서 들려주는 메시지가 하나님의 음성이라고 말씀하시는 분들이 계시는데, 그것을 원해서 그 음성을 듣기 위해 오신다는 분들이 참 많거든요. 갈 길이 먼데 그럼에도… 하나님이 "이곳에 인재가 있다, 이곳에 오면 특별히 영성이 있다" 이런 걸 얘기하는 건 아니에요. 그건 교회에서 참 많이 하는 얘기인데 실제 투쟁의 현장인 거죠. 삶의 밑바닥에서 사람들이 어떻게 몸부림치면서 살아가고 있는지를 볼 수 있는 게 이 현장이고, 그런 면에서는 굉장히 가치 있는 곳이고, 여전히 사람들이 찾아와야 된다고 생각하고 찾아와 달라고 계속 얘기하고 있고.

기독교 예배실이 처음 생겨서 지금까지 이곳에서 하는 일들에 대해서도 기록으로 남기기 시작했는데 어쩌면 새로운 교회 형태일수도 있는 거 같고. 기독교인들이 '어려움을 당하는 사람들을 어떻게 대해야 하나?', 가치 없는, 아무런 의미 없는 말로 하는 위로가 얼마나 쓸모없는지, 이런 사람들이 뭘 원하는지를 기록으로 남겨지게 되고, 기독교 역사에 큰 획을 그을 수 있는 곳이 아닌가 [싶어요]. 계속 기록이 되고 있으니까. "많은 것들을 바꿔야 된다"고 누구나 말은 하는데 실제로 저희는 그러한 실상을 그리고 있거든요, 그런 그림들을. 바뀌어진 이후에, "바뀌어질 때까지 싸움은 계속된다"는 것을 말로 하는 게 아니고 계속 그림을 그려가면서 싸우고 있기 때문에 이곳에 왔던 사람들이 나중에 싸움을 유지해서 바꿔낸 결과를 얻었을 때, '이곳을 한 번이라도 왔던 사람들은 그 결과에 대해 자부심이 있지 않을까?' 그런 생각도 들어요.

지금은 과정 중에 있는데, 과정 중에서는 미래에 어떤 결과물이 나올지 이루어질지에 대해서 확신할 순 없지만 그런 결과물을 바라보고 가고 있다는 게 중요한 거 같고…. 부모들이, 사람이 다 다르잖아요. 하나님 믿는 사람도 성향이 다르고 성격대로 믿고 자기가 좋아하는 것도 다 다르고 그러니까 들쑥날쑥해요. 어느 땐가는 나왔다가 안 나오기도 하는데 결국에는 다시 찾는 거 같아요. 이곳에서 주는 진짜 위로를 경험을 할 수 있거든요. 부모님들이 중간에 사람들과의 성향 차이 때문에 안 나오기도 하지만 결국엔 다시 올 거라고, 이곳에서만 느낄 수 있는 진짜 지지 같은 게 있기 때문에 그거를 아는 사람들은 다시 올 거라고 생각해요.

면담자 어머니는 이전에 다니던 교회는 안 나가지만 신앙생활을 계속하시는 거잖아요. 그런데 원망도 되고 여러 가지로 마음이 힘들어 신앙생활을 계속하는 게 쉽지 않으셨을 거 같아요.

창현 엄마 내가 현재 하고 있는 이 생활이 교회 안 다니고 주일

날 예배를 참석 안 할 때가 더 많죠. 다른 교회 간담회를 가게 되거나 아니면 찾아봐야 할 교회가 있어서 교회를 찾는 경우는 한 달에 반 정도? 교회 안 가고 어쩔 땐 여기를 안 나올 때도 있어요. 일요일 날 아무것도 안 하고 그냥 보낼 때도 있는데, 전에 같으면 주일 성수[주일을 다른 날들과 구별하여 거룩히 지키는 일]를 안 했다는 압박감에 굉장히 힘들어했을 건데 지금은 그렇지는 않아요. 그것 때문에 하나님이 벌을 주고 그런 정서가 깔려 있거든, 교회 안에서는. '주일날 교회 안 가고 딴 데 가면 벌 받아' 이런 정서가 깔려 있고 거기에 굉장히 위축돼 있는데, [지금은] 그렇진 않아요.

그런데 내가 '잘하고 있다, 앞으로 잘할 거다' 이렇게 확신하진 못하죠. 어쨌거나 하나님을 믿는 사람이고, 성경에 말씀이 있고, 모든 역사의 주관자가 하나님인 것을 인정하는 사람으로서 내가 하고 있는 일을 "하나님이 잘한다고 하신다" 이렇게 말할 수는 없는 건데 다른 대안이 없어요. 그렇다고 너무나 역겨운 교회에 들어가서 말씀을 듣고 이런 거는 도저히 못 하고… 정말 교회 생각하면 역겹거든. 지금의 상태에서 내가 할 수 있는 게, 2년 반이 지났지만 이게 최선까지는 아니지만 할 수 있는 걸 하고 있다 생각해요. 할 수 있는 신앙생활을 하기 위해 노력하고 있지만, 교회에서 배워왔던 짜 맞춰진 신앙관, 교회생활에 얽매이지 않고 조금은 자유롭게 신앙생활을 하고 있죠. 내 전부, 내 모든 생각이나 세계관에 가장 큰 영향을 미치는 것은 성경이고, 기독교적 세계관이고, 하나님인 건 부인할 수 없고, 실제 삶에서 얼마나 많은 시간을 교회에서 보냈느냐는 분명히 차이가 있죠.

교회생활 하는 사람하고 나하고 차이는 있지만 하나님 믿는 건 부인할 수 없고, 어쨌거나 그분이 해결하셔야 하고 지금 최순실[게이트] 드러난 것도[이유도] 수많은 사람들의 눈물 어린, 진심 어린 기도뿐이라 생각해요, 진짜로 그렇게 생각해요. 이렇게 한꺼번에 철옹성 같은 박근혜 정권이 흔들릴 거라고 누구도 상상을 못 한 거잖아요. 통째로 흔들리고 있는데 그 기도를 들으신 [분이] 하나님이고 낮은 자의 하나님이기 때문에 우리가 생각했던 거보다 빠른 시간에 치부를 드러낸 거 같아요. 세월호 관련해서 얼마나 박근혜, 최순실 그 언니 최순득이라고 하나? 연결 고리를 찾아내느냐가 관건일 건데 어쨌든 간에 조금은 드러났고, 숨기려는 시도들이 보이잖아요, 정부가. 검찰이 움직이는 거나 증인들이 출석하는 걸 보면 시나리오대로 움직인다는 것이 다 보이는데, 그러면 그럴수록 자기네들은 함정에 빠지는 거라고 생각해요.

다 드러내야 수습이 되는 거지 꼬리 자르기 식으로 옛날처럼… 지금 하는 수순이 꼬리 자르기 같애. 조금이라도 관심이 있는 국민이라면 어떻게 결론이 날지가 다 보이는데 꼬리 자르기 식으로 결론을 내버리고 "대통령은 상관없는 일이었다. 피해자였다" 이렇게 결론을 내버리면 오히려 더 큰 혼란에 빠질 거라는 믿음이 생겨요. 그게 하나님이 일하시는 방법이기도 하고, 이제 시작인 거죠.

면담자   이전에 듣기로 기독인 모임에서 성경 읽는 모임 (창현 엄마 : 수요일 날)을 하신다고 들었는데 그 모임에 대해서 얘기해

주세요, 왜 성경 읽기 모임이 만들어졌고 어떻게 활동하시는지.

창현 엄마　　그것도 예은 엄마가 하자 해서 시작한 건데, 저처럼 교회를 다니다가 나온 사람도 있고, 순영이 어머니 같은 경우는 '순영이가 천국에 갔는데 순영이를 만나려면 나도 천국에 가야 돼' 그런 열망 하나로 이곳을 찾고 교회를 다니고 있는 엄마기 때문에 '성경을 읽을 필요가 있겠다' 해서 시작을 했고.

한 다섯, 여섯 명? 혹은 네다섯 명이 수요일에 모여서 돌아가면서 두 장씩 성경을 읽어요. 출애굽기를 읽었고 그다음에… 출애굽기 끝나고 이사야가? 아니다, 그 전에 중간에 사도행전 읽었나? 사도행전을 읽었고, 출애굽기 다 읽었고 사도행전, 지금 이사야를 읽고 있는데 우리 사건과 맞닿는 구절이 날마다 있어요, 날마다. 그러면 그 부분에 대해서 성토를 하고 서로 마음이 통하는 거죠. 같이 분개하고 현 정권을 비난하고 비판하는 부분에서 응어리들이 풀리는 거 같아요. 함께 성경을 읽으면서 비난할 수 있는 근거들이 분명히 있으니까, 하나님이 뭘 원하는지 말씀 안에서 드러나니까 자신 있는 거지, 비난하는 것도 당당하고. 그러면서 "우리가 잘하고 있다, 방향을 잘 잡고 있다, 이것은 꼭 해야 하는 일이고, 하나님이 기뻐하시는 일이다" 확신들을 갖는 거 같아요. 많이 울기도 하고, 얘기하면서. 그게 치유인지 모르겠는데 우리가 내적인 얘기를 할 수 있다는 자체만으로도 좋은 시간인 거 같아요.

3
4·16합창단, 진상 규명 활동의 원동력

면담자   합창단 활동도 하고 계신데, 계기가 뭔가요?

창현 엄마   합창단은 2014년 12월 즈음에, 2014년 4월부터 많은 자원봉사자들이 팽목항에 갔고, 안산에서도. 5월 8일부터 본격적인 싸움이 시작됐다고 볼 수 있는데 그때 청와대로 넘어간 거잖아요. KBS 김시곤 국장이 "교통사고에 비하면 300명은 많은 것도 아니다" 그런 발언을 했다 그래서 항의차 5월 7일, 8일쯤 서울로 넘어가서 항의를 시작했고 그때부터 본격적으로 노숙 농성이 시작된 거 같아요. 엄청난 [수의] 사람이 우리 주변에 있었거든요. 항상 조심스럽게 우리를 떠받들어 줬죠(웃음). 떠받들어 줬는데 〈비공개〉 그러면서 12월쯤에 "아무런 바램 없이 자원봉사 하신 분들을 위해서 우리가 자리를 마련하자, 고맙다 인사를 하자" 그런 얘기가 나왔고 실제로 와동체육관에서, 행사 이름은 생각이 안 나는데 12월 말쯤에 행사를 했어요. "감사합니다"라는 인사를 하기 위한 자리가 있었고, 가족들이 노래를 했으면 좋겠다는 얘기가 나와서… 아, 그때는 '엄마의 노란 손수건'[세월호 진상 규명을 위한 엄마들의 모임 인터넷 카페]이랑 같이 했죠. 그때 투입된 부모가 다섯, 여섯 명 된 거 같아요.

　　그게 출발이었어요. 그 이후에 노래 연습도 제대로 못 했는데 무대에 한 번 서니까 "[노래를 하러] 왔으면 좋겠다"는 의견들이 나와서 시작은 그렇게 했고, 계속된 거 같아요. 본격적으로 모집도 했고 우리 가족만으로 안 되니까 '네버엔딩스토리' 그거 아시죠? 뮤직비디오 제작하면서 '평화나무합창단'과 같이 한 게 계기가 돼서, 그분들이 도와주겠다고 제의를 하셔서 월요일마다 같이 연습을 하고 무대도 같이 서고 그렇게 됐어요.

면담자　　　첫 무대 섰을 때 많이 떨리지 않으셨어요?

창현 엄마　　그때 엄마의 노란 손수건하고 아빠들도 고잔1동 주민들이랑 같이 해서 그러진 않았어요(웃음). 우리끼리 있을 때가 문제지… 같이 있을 때면 든든하죠, 우리끼리는 어려운데.

면담자　　　예전에 유튜브에서 봤는데 노래 부르면서 많이 우시잖아요. 노래 부르실 때 어떠신지요?

창현 엄마　　가사하고 완전히 동화가 되는 거죠. 노래를 택하는 거는 가사가 우리하고 맞느냐가 고려가 되는 거고, 투쟁 현장에도 가야 되니까 투쟁가도 배우게 되고, 그러면서 우리 마음들을 담은 노래를 부를 때는 내 얘기니까, 본인의 얘기니까 당연히 눈물이 나죠. 완전히 동화가 되는 거죠, 노래로 말을 하고 있는 거죠, 그러기 때문에 부모들이 많이 우는 거고.

　　처음에는 사람들이 무조건 칭찬해 줘서 정말 잘한다고 생각을 했는데 그건 아닌 거 같애(웃음). 더 연습이 필요한 거 같고, 오래갈려면 연습을 많이 하는 거밖에 없죠. 연습을 많이 해서 어디서 불러도, 어떤 단체에서 불러도 그 모임에 누가 되지 않는 실력이 되는 게 좋은 거 같고, 그러기 위해서는 연습이 제일 중요한데 부모들이 연습을 많이 빠지기도 해요, 워낙에 일들이 많으니까. 〈비공개〉 갈 길이 먼 거 같아요. 엊그제 안산 민중총궐기가 28일인가? 수요일이었나? 28일 날 있었는데, 그때는 거의 부모들 위주로 섰어요. 걱정을 많이 했는데 썩 나쁘지 않았던 거 같애. 어쨌거나 합창 연습을 하고 무대에 서는 횟수가 늘어나니까 조금은 서로 목소리들이 화합이 되는 거 같아요, 그래도 갈 길은 멀죠.

면담자   어머니, 지난 2년 한 4, 5개월을 돌아봤을 때 자신이 지속적으로 활동에 참여할 수 있는 이유가 뭐라고 생각하세요?

창현 엄마   당연히 창현이죠. 창현이가 없어졌는데… 이 일 외에 의미 있는 일이 없는 거죠. 의미를 둘 수 있는 걸 찾지 못하는 거죠, 언제나 창현이고. 한편으로는 다른 데 눈 돌리지 않고 오로지 이 일에 매진하는 게 고맙기도 해(웃음). 예은이 할머니가 그 얘기를 많이 말씀하시는 게 "예은이한테 너무 고맙다"고, 70년 이상 교회에서 그게 최고로 잘하는지 알고 살았는데 잘못 살았다고 고백하시면서 "예은이 때문에 거기서 탈출할 수 있었다"고 말씀하시는데 저는 동의해요, 저도 마찬가지였고.

지금도 유혹하는 것들이 많잖아요. 돈도 여전히 가장 영향을 끼치는 요건 중에 하나고, 매스컴에서 수많은 유혹을 하잖아요. 지식일 수도 있고 어떤 취미일 수도 있고 자기 성취감일 수도 있는데, 거기에 마음 뺏기지 않죠. 마음 뺏기지 않고 이것만 바라보고 갈 수 있는 게 창현이한테 미안하고 고맙고. 이런 일이 없었다면 여전히 교회 안에서 돈을 추구하고 성공을 추구하고 그런 삶을 살았을 건데 그게 다 부질없는 거고 속은 거였고 별거 아니잖아요. 죽을 때 보면 별거 아닌데 거기에 인생을 다 허비할 뻔 했는데 이 일에 뛰어들면서, 창현이가 가고 삶이 바뀐 부분에서는 고맙고.

4·16 이후의 삶은 제대로 사는 거 같아요. [이전에는] 내 생각이 없었고 그냥 끌려가는, 다수에 의해서 끌려가는 삶이었다면 지금은 당당히 내가 선택하고 내가 갈 길을 정하고 옳은 길을 발견하고 방향을 제시하고… 이런 위치에 서 있다는 부분이 자유롭고 남 눈치 안 봐도 되고, 그런 부분이 고맙죠.

4
아쉽고 힘든 가운데 위안이 된 사람들

면담자   지난 2년 동안 활동하면서 아쉽거나 후회되는 부분도 있으신지요?

창현 엄마   왜 없겠어요, 사람이 하는 일인데(웃음)(한숨). 이 투쟁도 처음에는 국민대책위가 이끌어갔고 지금은 4·16연대랑 가족협의회가 이끌어가고 있는데, 기존의 사회활동 하시던 분들이 있었잖아요, 투쟁 현장에서 있었던 사람들. 처음에 분위기는 금방 진상 규명될 거처럼 모든 언론도 그렇게 정부를 공격을 했을 때가 있었는데, 최순실 영향인지 어떤 계기로 해서 언론도 돌아서기 시작했고. 청와대가 그러니까 다 그쪽으로, 언론 역할이 제일 큰 거 같아요. 세월호 유가족이 이상한 정치 집단으로 매도가 되고, 그 이후로 우리가 하는 것들은 방송이 안 되면서 왜곡이 된 거죠.

누군가가 정한 프레임에 의해 왜곡이 된 거 같은데, 활동가들의 이야기를 들어보면 말이 정말 많아요. "국민대책위 100일 집회, 1주기 때 그 자리에 눌러 앉았으면 진상 규명됐을 거다, 하다 말고 하다 말고 이런 과정들이 너무나 많았다…" 근데 우리 가족들은 처음 있는 일이라 잘 모르잖아요. 국민대책위 구성한 사람들은 이걸 알잖아요, 어떻게 해나가야 될지. 집회를 위한 목적도 집회 그 자체의 의미밖에, 10만이 모여도 혹은 그 이상이 모여도 얻어내는 게 없어 가지고, 그렇게 많은 사람들이 모여서 요구를 하면은 들어줘야 하는 게 맞는 거잖아요, 10만의 목소리로 얘기하고 있는데. 한 목소리로 얘기하면 귀 기울여야 하는데, 귀를 기울이지 않는 정부가 이상한 집단이었지만 얻어낸 결과가 없으니까 함께 했던 사람들도 많이 떨어져 나갔고 우리 가족들도 실망해서 분열된 과정이 있었고. 그게 2014년, 15년 계속된 거 같아요. 지금도 4·16연대에 대해서, 가족협의회가 하는 일에 대해서 비판하는 시각들이 굉장히 많이 있죠. 그런 목소리도 이해가 가고, 가족협의회 임원의 입장에서 많은 변수들을 고려해야 하는 그 입장도 이해가 가요.

그럼에도 정말 잊어버리지 말아야 될 거는 [사회를] 바꿔야 된다는 거, 바꾸려면 무리수를 둬야죠. 적당히 다치지 않게, 적당히 싸우다 말고 이게 아니라 누군가 감옥에 가야 되면 감옥에 가야 되고, 이런 거 고려하지 않고 밀어붙여야 되는데 적당한 선에서 타협을 하고 이런 모습이 있어 왔는데 지금도 마찬가지고. 4·16연대에 대해서는 그 부분에 대한 비판이 제일 크고. "4·16연대도 또 다른 시민단체 중 하나가 아닌가? 사람들한테 성금 거둬서 자기네 단체 유지하기 위한 명목 아닐까?" 이런 비판들도 받고 있어서(한숨) 바뀌었으면 좋겠는데 그럴 거 같지 않아요. "진보는 분열로 망한다"는 말도 이해가 가고 너무나 목소리가 많고 합해지기가 어렵더라구, 가족만 봐도. 진보적 성향의 사람들이 다 내가 잘났다는 거죠. 내가 하는 일이 옳다고 얘기하고 있는데 목표가 뚜렷하면 한 가지 일에 진상 규명만 바라보고 간다면 분열 없이 하나로 묶을 수 있을 거 같은데, 원인은 진상 규명이 목표가 아닌 사람들이 많이 있는 거 같애. 이 싸움에 뛰어들었지만 이 목표를 향해 가는 게 자기네 이익 관계, 자기네 영역을 넓히려는 생각이 앞선 사람들이 많이 있지 않나, 그래서 항상 비판을 받고 진척이 없지 않나 이런 생각이 들긴 해요.

면담자　　　지난 2년 동안 어머니를 가장 힘들게 했던 것이 무엇인지요?

창현 엄마　　지금에서야 이해가 가는데 아까도 얘기했지만 우리 요구가 정당하잖아요, 무리한 요구도 아니고. 304명이 죽었는데 왜 죽었는지 알려달라는 건데 이거를 받아들여 주지 않는 정부가 도무지 이해가 안 가고, '도대체 얼마나 큰 비밀이 숨겨져 있길래 저렇게 큰 힘을 동원을 해서 막나?' 이해를 못 했는데, 지금은 이해가 가죠, 그게 왜 그럴 수밖에 없었는지. 추측인 거죠, 세월호 참사도 분명히 최순실이 개입되어 있을 거고 그 의견에 의해서, 입방아에 의해서 어떻게 됐을 거라는 추측은 하고 있는데, 그게 맞는 거 같고.

받아들여지지 않는 것, 아무리 싸움을 해도 우리 의견이 묵살되고 짓밟히는 그 부분이 제일 힘든 거죠, 무기력한 거죠. '해도 안 되는구나, 우리 요구는 정당한데 왜 안 돼지?' 그 해답을 찾지 못하는 게 제일 힘들었던 거 같아요. 지나고 보니까 '아, 청와대가 저런 구조여서, 권력이 저렇게 흘러갔기 때문에 그렇게 막았구나' 하고 이해는 되는데. 국민들이 다 들고 일어나는 게 맞다고 생각해요, 속아왔는데. 내가 박근혜를 뽑았는데, 박근혜 뒤에 최순실이 있고, 그 언니 최순득이 있고, 한 집안의 무당 같은 사람들에 의해 국가가 좌지우지되고, 외교도 다 엉망이고, 대북 관계도 그렇고, 국정교과서나 말도 안 되는 일을 너무나 많이 겪었잖아요. 국민들이 비난만 하고 있을 게 아니라 나와야 된다고 생각해요. 나와서 국민의 분노가 얼마나 큰지… 근데 자기가 당한 일이 뭔지를 모르는 사람들도 많이 있는 거 같애. 얼마나 철저하게 속았다는 것을 알려야 되는데 국민들이 제대로 알고 있는지… 그건 잘 모르는 거 같고, 어쨌든 많은 국민들이 나오기 힘든 게 너무나 각박한 삶이잖아요, 하루 벌어서 하루 먹고 사는 노동자들, 비정규직들. 간당간당 그날 그날 살아가는 사람들이 많기 때문에 나와서 시위하는 건 사치일 수 있는데, 그 사람들이 자기네 미래를 위해서 조금만 생각한다면 나와야죠, 그랬으면 좋겠죠.

면담자   이 공간이 많이 위안이 됐다고 하셨는데, 다른 위안이 됐던 사람이나 공간이나 공동체가 있으신지요?

창현 엄마   금요일마다 청운동, 광화문에 가요, 금요일마다 가는 게 공식 일정이 되었는데. 미수습자 다윤 엄마, 아빠가 2015년 2월부터 청와대 가서 "인양해 달라, 아홉 명 미수습자 찾아달라"고 피켓을 들기 시작해서 그 뒤로 다윤 아빠 허리가 안 좋아지면서 자원봉사자들이 하고 있죠. 지금도 월, 화, 수, 목, 금, 토 계속하고 있는데, 내가 언제부터 갔냐? 아무튼 2015년 12월부터 시작해서 쭉 금요일에 가는데 고정적으로 오전에는 청운동에 있고 오후에는 광화문에 있으니까 정기적으로 만나는 사람들이 있잖아요. 청운동에서 만나는 사람들, 광화문에서 만나는 사람들이 저한테는 의지가 되고 힘이 되요, 일주일에 한 번씩은 꼭 만나니까. 거기도 거의 기독교인들이, 금요일 날은 제가 기독인이어서 그런지 그렇게 정리가 됐어요. 금요일 날 나랑 같이 피켓하는 사람들은 기독인들 위주로 해서 대화도 잘되고 그게 연결 고리가 돼서 간담회도 가고, 교회도 가고. 그런 모임들이, 연결 고리들이 확장되는 거 같아요.

면담자   금요일마다 피켓을 들기로 한 이유가 있으셨어요?

창현 엄마   그때는 다윤 엄마, 아빠가… 같이 할 때였다, 다윤 아빠가 허리 때문에, 다윤이 생일 10월 10일? 그 이전쯤? 2015년 10월부터 허리 아파서 못 가고 다윤 엄마도 간호를 해야 되니까 못 가고 그랬는데, [저는] 그 이전부터 갔어요, 그러면 여름인가. 처음에는 시연이 엄마가 데리고 갔어요. 자기 차로 부모들 모집을 해서 갔어. 근데 월, 화, 수, 목, 금 중에 좀 자원을 해달라고 해서 나는 금요일 날 선택을 한 건데, 그때는 요일 정해서 가는 부모들이 있었어요.

지금은 월, 화, 수, 목까지는 없는 거 같아요. 나만 유일하게 금요일 날 청운동에 가고 있고, 피켓을 하고 있고, 광화문에 가고 있고, 광화문은 반별로 정해져 있어요. 요일에 따라서 반별로 부모들이 가는데 한 점심때쯤 갔다가 2, 3시면 광화문만 가는 거예요, 청운동은 안 가고. 점심때쯤 갔다가 3시, 4시면 내려오는 광화문 지킴이를 하고 있죠. 그거하고 내가 금요일마다 가는 건 다른 거고, "미수습자 찾아달라"는 다윤 엄마의 호소에 응답해서 그걸 계속하고 있는 거고, 그렇게 계기가 된 거예요.

5
참사 후 변화된 삶

면담자　　　4·16을 경험하면서 삶에 많은 변화가 있었다고 하셨는데, 구체적으로 어떤 변화인지요?

창현 엄마 　　다 변화했던 거지(웃음). 다 변한 거지, 하나부터 열까지. 제일 큰 거는 교회를 결별했다는 거, 미련 없다는 거. 내가 교회 교사였는데, 교회도 끊는다고 얘기하더라고. 초등학생 학원을 끊는 거처럼 "나 교회 끊었어" 얘기하는데, 끊은 거야. 내 의지로 끊어냈다는 게 자랑스럽고, 정말 잘한 선택이라 자부하고 있고, 그게 제일 큰 변화인 거고.

　　내 생각은 90프로 이상 진상 규명에 가 있어요, 내 생각은, 머리는. 몸은 그렇지 않죠, 몸은 항상 분향소만 와 있는 건 아니고 언제나 간담회를 가는 것도 아니니까 내가 어디서 무엇을 하든 생각은 항상 그쪽에 기울어 있어요, 정부와의 싸움에. 얼마 전부터 금요일날 청운동, 광화문 가는 사람들과의 만남을 통해서 캘리[캘리그래피]를 배우고 사진을 배우는데 내가 캘리를 배우는 이유도 국민들한테 쉽게 다가갈 수 있는 문구 같은 것을 생각해 내고 싶고 써서 표출하고 싶은 거지. (가방을 보여주며) 이런 거 가방을 들든 무엇을 하든.

면담자 　　대단한데요. 수준급인데요, 전문가 같아요. 원래 손재주가 있으시죠?

창현 엄마 　　아뇨, 아뇨. 글씨는 쓰고 싶은 생각은 있었던 거 같아요, 근데 이게 필요하다고 생각하니까 배우게 되고. 일산에 가서 배우거든요. 여기서도 가르쳐주고 '우리함께'에서도 가르쳐주는데 어떻게 만남이 이루어져서 일산까지 가서 사진을 배우고. 사진을 배우는 이유도 '[우리 아이가] 어느 별이 되었을까?' [하고] 별 사진을 찍기 위해서인데, 별 중에 우리 아이를 찾아내는 거. 몸은 일산에 가서 이걸 배우고 있지만 목표는 같은 거죠, 4·16을 알리는 거, 진상 규명하는 거.

제일 큰 거는 내가 좀 자유로워졌다는, 생각이 얽매이지 않고 내가 하는 일에 대해서 "싫으면 싫다"고 당당하게 얘기할 수 있는 것도 달라진 면 중에 하나고, 눈치 안 보는 것도 많이 달라진 거고. 눈치 볼 필요가 없는 거지. 그렇다고 사람을 막 대하느냐, 그건 아니죠. 오히려 내 의사 표현을 더 정확하게 하고, 정말 약한 사람들, 도움이 필요한 사람들한테 더 시선이 가는 거고, 생각도 그쪽을 향하는 거고. 위쪽을 바라본다? 잘사는 거? 전에는 잘사는 거에 대해서, 우리 아이 성공하는 거에 대해서 관심사였지만 지금 관심사가 그쪽이 아니고 밑으로 향하는 거죠, 그게 제일 큰 변화인 거 같아요.

면담자　　요즘 가장 걱정은 어떤 거세요?

창현 엄마　　건강이 걱정되긴 해요. 그나마 나는 챙기는 편이거든. 일부러 운동하는 시간을 내지는 않지만 걸을 수 있으면 무조건 걷고, 금요일마다 [청운동에] 전철을 타고 가는데 에스컬레이터 안 타고 계단을 걸어서 올라가거나. 사진을 찍으러 다니는데 엄청나게 걸어야 돼요. 사진 찍는 대상을 찾는 일이 시간도 많이 걸리고 활동량이 많이 필요하더라구. 그런 게 좋은 거 같애, 건강을 잃지 않기 위해서.

내가 건강해야 하는 이유도 진실을 밝힐 때까진 건강해야 이 싸움을 계속할 수 있는 거고, 그날[이 오면] 그 결과물을 보는 것이 목표이기 때문에. 건강이 좋은 사람은 단 한 명도 없는 거 같아요, 가족들 중에. 다 안 좋은데 나처럼 '건강이 중요해, 챙겨야 해' 이거를 인식하는 부모들이 많지 않은 거 같아요. 제일 많이 듣는 소리가 그 얘기잖아요, "부모들이 건강 챙겨야 돼, 잘 먹어야 돼". 실제로 잘 먹고 잘 챙기는 부모들은 많지 않은 거 같애, 내가 보기엔. 나는 그래도 그 중요성을 아니까 챙기고 있는데, '내가 진상 규명되는 걸 못 보고 죽으면 어떻게 하지?'라는 거에 대해서는 별로 걱정하지 않아요. 내가 이 길을 가고 있는 거에 만족하는 거 같애, 딴데 눈 돌리지 않고 내가 할 일에 최선을 다하고 있는 거.

큰 걱정은 없어요, 돈에 대한 걱정은 별로 안 하고. 사람 관계가 사실은 제일 어렵더라구. 합창단 중에도 사람이 다 다르니까 서로 오해하고 틀어지기도 하고, 티격태격은 안 하지만 심각한 갈등들이 있을 때가 있어요. 첨에는 안절부절 했는데 시간이 해결해 주더라구. 진짜 마음들이 시간이 지나면 저절로 알게 되고, 시간이 해결해 주는 것들이 많이 있어서 사람들 간에 갈등이 있고 "누구 때문에 안 나와, 나는 쟤 있으면 안 나올 거야" 그런 사람들이 있는데 별로 걱정은 안 돼, 지금은. 처음에는 '어떻게 하지?' 머리 싸매고 걱정을 했는데 어차피 자기 싸움인 걸. 누가 대신해 줄 수 없는 거고 자기 자녀를 위한 건데 누구 때문에 이거를 안 하고[한다면] 말이 안 되는 거잖아. 그렇게 해서 안 나와버리면 자기 책임인 건데 누구 위해서 싸우는 게 아니라 자기 자녀 일이기 때문에 다 달려들어서 싸우고 있는데, 합창단도 하고 있는데 시간이 지나면 그런 부분들이 괜찮아지더라구, 떨어져 나가면 어쩔 수 없고. '떨어져 나가는 사람이 있으면 안 돼' 이 생각도 깨지더라구. 본인이 떨어져 나가면 어쩔 수 없는 거고, 남아 있는 사람끼리 혹은 새로운 사람이 들어오면 그 사람끼리 잘하는 게 좋은 거 같애.

면담자   오늘 아침에 분향소에 가서 창현이 보고 왔는데, 누나와 친구들이 편지 쓴 게 있더라구요.

창현 엄마   2주기 때.

면담자   작년에 인터뷰했을 때 누나가 휴학했다고 들었는데 요즘은 어떻게 지내고 있나요?

창현 엄마   학교 다니고 있어요. 내년에 휴학을 준비하고 있고 (웃음). 학교 다니는 이유는 휴학하기 위해서인 거 같애. 성적은 한번도 안 물어보는데 간당간당하게 넘어가는 거 같애. 그 부분에 대해서 뭐라 할 생각도 없고, 본인이 결정해야 되고 본인이 좋아해야 되고 그렇더라구.

면담자   딸과 관계에서 신경 쓰는 부분은 어떤 거예요? 그 밖에 변화도 있을 거 같고요.

창현 엄마   여자애 혼자 자취를 하니까 걱정이 되죠, 같은 과에 남자애들도 있고 그런 부분이 걱정이 되기도 하는데 내가 걱정할 즈음이면 지가 [소식을] 보내와요, 엄마가 뭘 염려하는지 아니까. 자주 연락하지는 않아요. 서로 믿고 자율에 맡기는 건데, 나도 그렇고 아빠도 그렇고. 어느 부모는 거의 매일 문자를 주고받고 하더라구. 자율에 맡기면서 내가 눈으로 못 보니까 걱정되는 부분이 있는데 그럴 때쯤이면 지가 마음 알아차려서 "어디 있다, 누구랑 있다" 보내오기도 하고. 딸이지만, 자녀이지만 부모가 나서서 어떻게 할 수 있는 부분은 많지 않은 거 같아요. 개인 인생이고, 개인의 삶이고. 걘 특히 더 독립적인 개체라는 걸 주장하는 거 같은(웃음). 나나 창현 아빠도….

면담자　　　한참 그럴 나이죠.

창현 엄마　　예. 그런 성향이 있긴 하지만 다른 애한테 비하면 더 그런 거 같애. 엄마한테 어린애처럼 의지하는 부분이 있는데, 자기 인생에 관해서는 "다 내가 결정한다" 이런 부분이 있어요. 부모 얘기는 지금도 잔소리죠, 잔소리로밖에 안 듣고. 기도는 하죠. 창현이도 물론 기도 많이 했죠. 창현이를 향한 기도는 틀에 맞춰진, 정형화된 올바른 청소년관? 성공하기 위해 거쳐야 될 단계들, 과정들? 우리 사회에 성공한 사람의 모습을 놓고 얘도 거기에 짜 맞추기 위해서 기도했던 거죠. 교회에서도 그게 맞는 거라고 가르쳤고, 온 매스컴이 다 그러고. 얘가 어떤 사람으로 태어났는지… 사람은 각자 다르게 태어나잖아요. 다르게 태어났는데 부모들이 끼워 맞추잖아, 이 사회에. 이 사회에 적응하기 위한 사람으로 자를 거 자르고 정형화된 사람으로 길러내는 게 지금 교육이고, 사회고 기업체에서 요구하는 것도 그런 사람인데. 저도 창현이를 위해서 많이 기도했지만 '그런 사람이 되게 해달라' 기도한 거죠.

근데 ○○이를 위한 기도는 안전하게, 안전이 최우선이고 평범하게 살아주는 것만[으로도] 고맙고. 이 부분에 대해서 내가 염려하는 불상사가 일어난다면 내가 하나님을 용납 못 할 거 같애. 창현이 그렇게 됐는데 ○○이도 불상사가 일어나면 그때는 하나님 아닌 거지, 그때는 뭔 짓이라도 할 거 같애. 그 부분에 대한 믿음은 있어요, ○○이를 잘 지켜줄 거라는.

6
삶의 목표는 진상 규명 그리고 창현이

면담자　　　앞으로 남은 삶에서 한 가지 추구하고자 하는 목표가 있다면 어떤 건지요?

창현 엄마　　목표는 뚜렷하죠, 진상 규명을 위해서 가는 것. 근데 내가 그걸 눈으로 확인하지 않아도 별 후회는 없을 거 같애. '이 길을 가고 있다는 거 자체가 잘 사는 인생이다'에 대한 확신은 있으니까. 근데 외로울 거 같기는 해요, 그건 감안해야죠. 감안을 하면 그렇게 외로울 거 같지는 않아요. 전에 살았던 삶과의 단절이라면 단절일 수 있는데, 실제로 그래요. 전에 알던 사람들과 거의 만나지 않고 별로 왕래도 없고 완전히 새로운 삶과, 유가족이나 봉사자들과의 만남 혹은 여기를 찾는 기독교인과의 만남으로 거의 모든 시간을 보내고 있는데, 전에 알던 사람들이 야속해하기도 해요. 〈비공개〉 나쁜 사람은 아닌데, 이 사람들의 의도가 나쁜 건 아니고 그게 옳다고 믿기 때문에 나한테도 그렇게 요구하고 있는데, 나는 밖에 나와서 그 실상을 너무나 적나라하게 알아버려서 거기로 들어가지는 않는데, 이 사람들이 욕을 하거나 안 좋게 얘기는 할 거 같애. 근데 별로 상관하지 않아요. 전에 같으면 남들의 평가에 대해서 신경을 쓸 텐데 지금은 신경 쓰고 싶지 않아요, 욕해도 상관없고. 나는 외롭지만 내 길을 갈 수 있을 거 같아.

면담자   진상 규명이 이루어진다면 그다음에 어떻게 살고 싶으신지요?

창현 엄마   얘기했잖아, 별 사진 찍으러 다닐 거라고(웃음).

면담자   창현이 별을 찾는… 알겠습니다. 어머니에게 진상 규명은 어떤 의미인지요?

창현 엄마   판세가 역전이 되었음에도, 이 정권 지지율이 10프로대 혹은 한 자리 수까지 떨어질 수 있는 상황임에도 청와대 있는 사람들은 놓지 않으려고 기를 쓰는 거 같애. 꼬리 자르기 해서 예전 수순을 밟아가는 게 눈에 보이는데(한숨), 그 사람들은 이미 버림받은 거 같애. 제가 말하는 버림받음이란 저 위에서 봤을 때 이미 내버려진, 거기에 매달릴 수밖에 없는 삶으로 버려진 사람들이고, 진상 규명이 우리가 아는 짐작하는 것들이 있잖아요. 짐작하고 있을 때하고 실제로 우리가 짐작했던 것들이 사실로 드러났을 때 국민적 분노는 굉장할 건데, 시간이 너무 지나서 잊어버린 거 같애. 대부분 사람들은 관심 없을 거 같애.

그럼에도 우리는 역사의 한 페이지를 써나가는 건 분명한 거 같애. 지금까지 진실을 밝힌 게 없잖아요. 다 꼬리 자르기 식이었고, 끝까지 파헤친 적이 없으니까. 근데 저는 그걸 할 거고 우리 부모가 못 하면 자녀가 할 거라는 믿음이 있어요. 그걸로 만족하는 거 같애. 분명히 어떤 음모가 있고 시나리오들이 있고, 최순실 혹은 최순득 이 사람들에 의해서 [아이들을] 구하지 않았고 이런 게 밝혀진다면 더 기가 막힌 거지. 국가는 없었고, 대통령도 없었고, 무당 같은 누구의 딸에 의해서 한 나라가 좌지우지되는 이 처참한 꼴을, 그런 역사가 있었다는 것을 기록으로 남기는 것, 그게 의미 있을 거고. 만약 그 기록이 남는다면 이후에 사람들은 그거를 처벌을 해야지. 철저하게 처벌을 하면 그런 계략을 꾸밀 생각을 안 하겠죠. 지금까지 처벌을 안 했기 때문에 다 그냥, 그냥 넘어갔기 때문에 이런 일이 계속 반복되는 거고. 역사를 바꾸는 것, 그 의미가 가장 큰 거 같아요.

면담자   마지막으로 창현이에 대한 질문인데요, 혹시 답하기 어려우면 안 하셔도 됩니다. 지금 참사 후 2년 6개월이 지났습니다. 창현이를 떠올리면 어떤 생각이 드시는지, 현재 어머니에게 창현이는 어떤 의미인지요?

창현 엄마   내 삶의 전부죠, 이것도 창현이 옷이고. 집에 들어가면 창현이 신발이 놓여 있어요. 일부러 한 중앙에 놨어요. 창현이 사진도 붙여놓고. 엄마인 저도 이 흘러가는 상황에 의해서 잊혀질 때가 있더라구요. 안 잊혀지면 거짓말이고, 잊지 않기 위해서 노력을 하는 거죠. 창현이는 없지만 창현이는 내 삶을 이끌어가는 원동력이고, 나뿐만 아니라 남편이나, 아직 누나는 잘 모르겠는데 걔도 그러지 않을까 싶어요. 창현이 영향력 안에 있지 않을까, 앞으로 삶이. 예전처럼 다른 아이들이 추구하는 성공만을 추구하지는 않을 거라는 생각을 해요. 가족의 삶을 다 바꿔놓은 거고, 실제로 저나 창현 아빠는 바뀌놨고… 삶의 전부인 거죠.

면담자   감사합니다. 어려운 이야기 해주셔서 감사합니다.

3회차

2019년 2월 18일

1
시작 인사말

면담자   본 구술증언은 4·16 사건에 대한 참여자들의 경험과 기억을 기록으로 남김으로써 이후 진상 규명 및 역사 기술에 기여하고자 합니다. 지금부터 최순화 씨의 증언을 시작하겠습니다. 오늘은 2019년 2월 18일이며, 장소는 안산시 단원구 4·16기억교실 교육장입니다. 면담자는 김익한이며, 촬영자는 강재성입니다.

2
참사 직후의 삶과 지금 삶의 변화

면담자   어머니, 지난 15년 9월에 구술을 하셨는데요. 창현 아빠와 두 분이 사이좋게 오셨죠(『그날을 말하다: 창현 아빠 이남석』참조).

창현 엄마   저 얼떨결에 딸려왔었어요.

면담자   (웃으며) 같이 오셔가지고.

창현 엄마   문화빌라인가? (면담자 : 어, 맞아요) 그날 얘기했나, 하루 전날 얘기했나… (면담자 : 세승빌라?) 세승빌라였나? 그때까지 아무것도 모르고….

면담자   아니다, 글로벌다문화센터에서 하셨네요.

창현 엄마　　　다문화센터에서?

면담자　　　네, 맞아요. 그런데 1차 구술에서 어머니께 들어야 될 말씀이 빠진 셈이 돼서, 시간이 많이 지났습니다만 다시 구술을 부탁드리려고 이렇게 뵙게 됐습니다.

창현 엄마　　　생각이 날지 모르겠어요.

면담자　　　근황은 어떠세요? 정권 바뀐 지도 벌써 뭐 2년이 다 되어가는데요.

창현 엄마　　　3월 1일이니까 딱 2년? 거의 2년 정도 [됐네요].

면담자　　　정권 바뀐 뒤에 어떠셨어요, 어머니는?

창현 엄마　　　5월이구나. 음… 바뀔 때는 완전 이제 '아, 드디어 우리가 원하는 세상이 오는구나' 싶었는데, 그게 2017년 초반? 2017년도까지는 유지된 것 같아요. '아, 우리가 원하는 세상이 올 거야, 온 거야. 많은 것들이 변할 거야' 그랬는데, 시간이 지날수록 그런 기대는 점점점점 줄어들더니 많이, 한 60프로는 없어진 것 같아요. 그래도 지난 박근혜 정권하고는 다른 건 분명하니까 기대하는 바가 있긴 한데, '우리가 원하는 그런 시간에 되지는 않을 거다. 시간이 참 많이 걸리겠구나' 그런 생각 하고 있어요. 그래서 우리가 더 끈질기게 열심히 하는 게 중요하겠구나….

면담자　　　그래도 2016년까지의 유가족들 활동을 회고해 보면 새 정부가 선 다음에 특히 집회와 같은 활동은 많이 줄었잖아요. (창

현 엄마 : 그렇죠) 그렇게 활동이 줄어든 상태에서 어떻게 지내세요?

창현 엄마   뭔가 엄마들하고 얘기하면 밖에 나가서 막 싸우고 그런 것들이 몸에 굉장히 익숙해진 것 같아요, 체질화된 것 같아요. 근데 지금은 하고 싶은데 이렇게… 누르고 있는. 꾹 누르지는 않지만 '아, 언젠가 기회가 있을 거야, 그때를 위해서 좀 비축해 놔야지. 그리고 때가 되면 폭발을 해야지' 이렇게, 그런 분위기들이 있는 것 같아요. 문재인 정권이 저희를 대놓고 그렇게 방해하거나 협조 안 하거나 그러진 않잖아요. [만약에] 그런 태도라면 저희도 분명히 그렇게 지난 정권을 대했던 것처럼 싸울 텐데, 말로는 도와주겠다고, 해주겠다고 하는데도 결과가 없으니까 답답한 시간을 보내고 있는 것 같아요. 근데 어느 정도 또 때가 되면 저희도 그렇게 집단적인 힘을 과시해야 된다고 생각하고 있는 것 같아요. '때가 되면 일어날 거다'.

면담자   노상에서 주무시고, 캡사이신 맞아가면서 정말 엄청난 인내심으로 거리 투쟁을 하고, 일주일에 몇 번씩 그런 힘든 일상을 보냈어야 했는데, 어머님 말씀은 이제 몸에 익숙해져서 오히려 안 나가면 뭔가 좀 이상한 느낌까지 유가족들이 받는다는 거네요.

창현 엄마   맞아요.

면담자   그러면 아이를 잃은 이후에 좀 차분한 새로운 일상을 만들어가는 것과 관련된 고민들이 당연히 생길 수밖에 없을 것 같아요. 어떠세요, 활동은 많지만 조금은 조용해진 이 상황과 2014

년, 15년의 정신없던 시절하고의 차이, 그리고 현재 일상들을 어떻게 안정시켜 갈 것인지 등을 좀 넓게 소개해 주시면 좋을 것 같습니다.

창현 엄마   음… '유가족들은 어떠해야 된다' 그거는 없잖아요. 저희는, 그러니까 세월호 유가족들은 전 국민적인 관심을 가지면서도[받으면서도] 너무나 어이없는 이 사건 앞에서 부모라면 누구나 그럴 수밖에 없는 그런 행동을 취한 거라는 생각을 하는데. 그래서 저희 유가족들이 특별한 건 아닌데 이런 일을 겪고 국가와 전면전을 펼치는, 싸우는 그런 기록들은 놀라운 거라고 다 저희도 지나보니 어떻게 그런 시간을 견뎠는지… 저희도 놀라운 면이 있긴 있어요.

근데 지금은 과정인 거 같기도 해요. 정권이 바뀐 것도, 저희가 싸우는 과정에서 그렇게 치열하게 싸웠기 때문에 정권을 바꿔낸 측면도, 결과적인 측면도 있는데 정권이 바뀌었다고 해서 우리가 원했던 진상 규명이나 책임자 처벌이나 재발 방지나 생명안전공원을 만드는 것이 원하는 만큼 추진되지 않고 있거든요. 근데 이거를 어떻게 볼 것인가는, 음… 모든 행정하고 상관이 있는 거잖아요. 그 도시의 뭐 법하고도 상관이 있는 거고… 굉장히 이 난제를 뚫어야 되는 게 힘든 과정인 것 같아요. 그렇다고 저희가 원하는 대로 "무조건 해줘!" 이렇게 밀어붙일 수는 없는 거잖아, 다 절차가 있는 거니까, 법이 있고. 그래서 이런 진행되는 과정들을 그냥 지금은 지켜봐야 되는 입장인데, 저희도 그런 과정에서 좀 단단해지는 것 같아요. 전에는 그냥 감정적으로만, 굉장히 감정적 표출이 많았다면 지금은 조금 지혜롭게 대응할 수 있는 그런 힘이 길러진다 그럴까? 사람 관계나 어떤 공무원들이나 행정적인 일을 하는 사람들을 대하는 태도나 법 안에서 이루어져야 한다는 그런 것도 이제 알게 돼서, 이 과정들을 지켜보면서 그래도 차분하게 기다리는 힘도 생기고.

그렇지만 저희 부모들끼리 만나면 하는 얘기는, 원하는 거는 똑같아요, 우리가 원하는 거. 목표를 잊진 않았는데, 진상 규명이나 책임자 처벌, 재발 방지, 생명안전공원. 이 목표를 잃어버린 건 아닌데 그거를 이루기까지 기다려야 된다, 인내해야 된다는 것을 배워가는 과정 중에 있는 것 같아요. 안 바쁘지 않아요. 그러니까 전에는 거의 밖에서 활동하는, 집 밖으로 나가는 시간들이 많았는데, 지금은 저희 가족협의회 사단법인 내에서 이번에 총회를 해서 다시 임원들도 뽑고 그랬는데, 거의 [활동이] 세분화된 것들이 있거든요. 엄마공방도 굉장히 세분화돼서 거기 공방에 소속된 엄마들이 따로 있고, 기억저장소도 따로 있고, 합창단도 따로 있고, 연극반도 있고, 아빠들 목공방도 있고, 이런 자기 분야, 분야에서 활동하는 것들에 이제 부모들이 어느 정도 익숙해진 것 같아요.

그런 활동을 하면서, 물론 그런 활동을 하는 것도 최종적으로는 [목표는] 진상 규명이고 재발 방지고 책임자 처벌이고 그런 건데, 자기 힘을 분야, 분야에서 길러가면서 활동을 하고 있어서 여전히 바빠요(웃음). 그게 밖으로 드러나지 않아서 "별로 안 바쁜가?" 이렇게 말씀하시는 분도 있을 텐데, 어제는 '이화클라비어 피아노',

이화여대 선생님하고 제자들이 하는 음악회에 [4·16합창단이] 초청을 받았는데, 가족들 오라고 초청을 한 거죠. 그런 음악회 초청이 굉장히 많아요, 음악회나 연극이나 영화나. 근데 [부모님들이] 그런 데 가는 것을 힘들어해요. 왜냐하면 내 시간을 내야 되고, 움직여야 되는 거라서. 그런 데 잘 참석 안 하는 걸 보면 그걸 일로 받아들이니까, 그냥 내 문화생활로, 내 삶을 영위하는 그런 방법으로 받아들이는 게 아니라 '아, 이것도 하나의 일이구나. 가줘야 되는구나' 이렇게 받아들이는 측면이 많은 것 같아요. 그런 거 보면 여전히 부모들 많이 바쁘고 힘든 측면이 있는 것 같아요.

3
'치유한다는 것'과 '좋은 것'에 관한 생각

면담자   '감동적인 음악회에 초대를 받았는데 그걸 일로 받아들이고, 아직 그런 것을 즐기기는 쉽지 않은 상황이다'. 5년이 지난 상태의 유가족들의 내면을 잘 표출해 주셨는데요, 이걸 한번 여쭙고 싶어요. '우리 아이들이 아직 다 안 돌아왔는데 어떻게 좋은 건물에서 이렇게 활동할 수 있어?' 이런 문제의식들이 있었잖아요. 그 모두가 아이에게 미안함 같은 걸로 작용하는 그런 측면이 좀 있는 것 같아요. (창현 엄마 : 그렇죠) 아까 얘기한 음악회도 그런 측면이 없지 않으리라고 보여요. 초기에는 그게 굉장히 강했는데 요즘은 어떻습니까, 아직도 그런 기류가 강합니까?

창현 엄마   저는 그래요. 음… 뭐 저는 집을 살 생각이 없거든
요. 그냥 그대로 전세 살고 있고. 그게… 다 미안하죠, 미안함이 제
일 커서인 것 같고. 그러니까 뭘 하든 좋은 것들을 '즐긴다'는 말 자
체가 저희 일상에서는 어울리지 않는… 그 말은 일상에서 없는 것
같은(웃음), 없어야 되는 것 같은… 그런 생각이 있어요. '즐거워?'
그 말은… 참 어려워요(울음).

면담자   지금 어머니 말씀이 유가족들의 마음과 관련해서
가장 핵심적이지 않을까, 우리가 더 고민해 봐야 할 지점이라고
봅니다.

창현 엄마   치유라는 말도 사실은…(한숨). 그러니까 "건강해야
돼" 그거는 동의해요. 건강해야 돼요. 건강해야 계속 싸울 수 있고
우리가 원하는 것들을, 원하는 목소리들을 낼 수 있고 그 투쟁에서
밀리지 않고 할 수 있다는 건 100프로 동의해요. 그런데 건강해서
뭔가 잘 누리고, 즐기고 이런 부분에서는 잘 동의가 안 되고… 치
유라는 말도. 물론 정상적인 삶을 살아야 되는데, 전 이게 정상적
인 삶 같아요. 그냥 이렇게 아파하면서, [다른 사람들은] 예전으로 돌
아가지는 못한다는 거죠. "예전으로 돌아가야 돼, 돌아가야 돼" 그
러는데, 그 말은 불가능한 말일 것 같아요. 그거는 있을 수 없는 일
이고 그냥 이걸 받아들이고, 살아가는 일상이 이제 우리 삶이 된
거죠. 이게 없던 일이 되는 거잖아요, 일상으로 돌아… 예전 삶으
로 돌아간다는 건 없던 일이 되어버린다는 거잖아요. 그거는 말이

안 되는 거고, 창현이가 없는 상황에서 그래도 삶을 잘 살아내는 것, 그게 목표인 거지… 뭐 '치유', '일상으로 돌아가는 것', 이런 말들은 쓰고 싶지 않아요.

면담자   그러니까 하늘로 간 창현이와 함께하는 완전히 새로운 삶인 거죠. (창현 엄마 : 그렇죠) '치유'라는 게 조금 잘못 해석하면 유가족들이 '치유받아야 될 대상'이 되어버리는 거니까.

창현 엄마   처음부터 그렇게 접근했잖아요.

면담자   어찌 보면 이 세상이 유가족들의 새로운 깨달음을 배워서 이 세상이 치유받아야 될 가능성이 대단히 높은데요.

창현 엄마   그렇게 가는 게 맞는 거겠죠.

면담자   "치유하셔야 됩니다" 이런 얘기는 어찌 보면 스스로에 대한 성찰이 없는 자들의 발언이라고 생각하고요.

창현 엄마   국가 정책도 좀… 정말 정책에 그런 마음들이, 유가족을 향한 그런 마음이 담겨 있을까? 전 안 담겨 있다고 봐요. 그냥 우리가 요구하니까, 국민들이 요구하니까 어쩔 수 없이 그렇게 따라오는 정도인 거지, 정말 국가가 앞장서서 이분들이 이 상태에서 잘 살아가게끔 먼저 대처하고 이런 것은 없을 거예요, 저희가 찾아가야지.

면담자   '미안하기 때문에 좋은 거는 하나도 안 할래', 그것이 어머니에게 옳은 건지, 또는 하늘에서 창현이가 보고 있다면 창현이에게 좋은 모습인지 이런 고민이 남는데요. 창현이에게 미안해서 좋은 걸 하지 않는다는 것이 반드시 새로운 일상의 패턴이어야 하는 걸까요? 냉장고도 새로 사고, 차 좋은 거로 사고 이럴 수 있다는 거죠.

창현 엄마   필요한 거 사야죠. 네, 그럴 수 있죠. 저도 그렇게 극단적이진 않아요(웃음). 그렇게 뭐 다 거부하진 않는데.

면담자   제가 가까이서 보면 그런 면이 좀 있으세요(웃음).

창현 엄마   그런가?(웃음) 어…(한숨) 그거를 깨는 데 시간이 좀 걸릴 거 같아요, 저는 개인적으로. 좋은 것…….

면담자   좋은 게 비싼 건 아니라는 건 이제 확실히 알게 됐어요. (창현 엄마 : 네) 아이들이 우리에게 준 선물 중의 하나죠. 지금 우리가 표현하는 좋은 것이라는 게 과거에 우리가 좋은 것이라고 일반적으로 생각했던 것하고는 조금 다른 것이기도 하죠.

창현 엄마   그 좋은 것 기준도 좀 달라지는 것 같아요.

면담자   예를 들자면?

창현 엄마   그러니까 전에 기준은 남들 좇아가는 것들이었지만, 비슷했지만 지금은… 이 일 이후에는 시간이 지나가면서 저의 정체성에 대해서 굉장히 많이 생각해 보게 되는데 '어떻게 살 것인가? 이걸 현실에서, 나의 삶에 이게 [창현이가] 90 이상을 차지하는데 이걸 안고 어떻게 잘 살 수 있을까?'는 항상 고민해요. 예전에 내가 좋아했던 것들, 뭐 세상적으로 말하는 좋은 것들을 추구하는 그런 거는 분명 아니에요. 분명 아닌데 뭔가 저의 삶에서의 기쁨은 창현이를 잘 기억해 내는 것, 내가 무엇을 통해서든 우리 아이들을 기억해 내고 명예 회복에… 저도 많이 그쪽으로 가는 것 같아요, 명예 회복 쪽으로. '어떻게 하면 우리 아이들의 죽음을 헛되지 않게, 그리고 이 사회를 좀 바꾸어내는 데 기여할 수 있을까?' 그런 쪽으로 생각을 많이 하는 것 같고, 그래서 공부를 해야겠다는 생각도 하거든요. 그래서 뭔가를 바꾸어내고 한 사람이라도 좀 사람들이 변하고. 지금 우리 사회는 희망이 없어 보이잖아요. 이거를 겪고도 희망이 없는, 그냥 낭떠러지를 향해 모두가 다 전속력으로 달려가고 있는 것 같애요. 돈을 좇는 모습이 그런 모습이라고 볼 수 있는데, 그걸 좇지 않고도 같이 잘 살 수 있는 방법이 분명히 있는데, 존재하는데. 예전에는 한 100년 전, 200년 전 그때 삶은 이렇지 않았잖아요. 돈만 좇아가지 않았잖아요. 근데 지금은 그렇게 다 돈을 최고 가치로 좇고 있는 이런 사회 풍조를 바꾸어낼 수 있다면, 바꾸어내는 데 조금이라도 내가 일조를 한다면 그게 가장 큰 기쁨일 것 같아요, 다른 것보다. 그런 데 초점이 맞춰지니까 다른 것들은 별로 그렇게 관심거리가 아닌 거죠, 이제. 그래서 나한테 좋은 거는, 분명 물론 내 건강을 챙겨야 된다는 거는 여실히 느끼고 100프로 공감하고 그래서 저는 운동도 하고 좋은 거 먹으려고 노력은 하고 있어요, 근데 그 외의 것들은….

아, 그리고 사람들 관계가 참 어려운데, 전에도 참 이기적으로 살아왔다면, 나와 내 가족을 먼저 챙기고 살아왔다면 지금은 다른 사람들을 챙길 수 있는 그런 마음이 자꾸 커지는 것 같고. 그러니까 이런 것들이 조금씩 이루어진다면 그게 저의 기쁨일 것 같고, 젤 좋은 것 같아요, 다른 것보다 그게. 다른 것에는(웃음) 별 관심이 없어졌어요. 그게 극단적으로 보일 수 있는데, 뭐 관심사가, 관심 분야가 달라진 거죠.

4
2019년 요즘의 일상

면담자   요즘 아침에 일어나서 저녁에 주무실 때까지 어떤 패턴이세요? 오늘 '아점' 드셨다고 그러신 거 보니까 아침은 좀 늦으신 것 같고.

창현 엄마   (웃으며) 제가 그건 창현 아빠 스케줄에 맞춰져 있어요. 늦게 오니까, 당구장에서 늦게 오니까.

면담자   당구장은 몇 시에 끝나요? 한 3시?

창현 엄마   아니요, 그때까지 안 하는데 한 12시… 더 늦게 끝낼 때도 있죠. 보통은 12시에서 1시 사이. 근데 집에 와서 밥 먹고 2시 넘어야 자니까, 저도 거기 패턴에 맞춰서 한 9시쯤 일어나서 하다가 10시쯤 밥 준비해서 11시에서 12시 사이에 밥을 먹거든요. 그게 아침과 점심, 아점인데…. 구정 전에 제가 폐결핵 판정을 받았

어요. 그래 갖고 이 약을, 폐결핵 약을 먹는데 약 먹는 게 힘들어
요. 약이 아홉 가지, 체중에 맞춰서 준 약이 아홉 가진데 이걸 먹으
면, 그러니까 일어나자마자 그걸 먹어야 돼요. 약을 먹으면 막 메
스껍고 임신한 것처럼 어지러워요. 그래 갖고 오전에는 많이 누워
있어야 돼요, 밥 먹고도. 그래서 거의 오후 1시 정도까지는 창현 아
빠랑 밥 챙겨서 먹고 설거지하고 누워 있다가… 누워 있으면 조금
나아져서 오후부터는 활동을 하죠.

　활동하는 건 뭐 합창단 일정이 제일 많고 그다음에 교회[에서]
목요기도회를 지금도 하긴 하거든요, 잘 안 보일 때가 더 많지만.
그거 하고 딸아이가 집에서 자유롭게 [있거든요], 엊그제 졸업했는
데…. 〈비공개〉 걔 밥도 챙겨주고 그러다 보면 또 한나절 가고. 남
은 시간은 산책을 하려고 노력해요, 일주일에 한 세 번 정도? 거기
안산천 쭉 따라가다 보면 화정천 있잖아요. 그러면 저 갈대 습지,
그 안산천하고 화정천이 만나는 데가 있어요, 이렇게 만나가지고
이제 시화호로, 시화호인가 거기? 거기로 흘러가거든요. 거기까지
이제 산책하고 오면 한 2시간 걸리는데, 날씨가 좋으면 산책하거나
나머지 시간은 집에서 책 보고, 뭐 유튜브도 보고, 일기도 쓰고,
음… 창현이한테 편지도 쓰고 그렇게 보내요.

면담자　　　　조금 다른 주제인데, 아이를 키우는 교육관에도 변
화가 있으세요? 왜 부모들은 애가 빈둥거리면 걱정되고 동시에 믿
고 그렇잖아요. 지금 많이 달라지지 않으셨어요?

창현 엄마 최순화

창현 엄마   그렇죠. 많이 너그러워졌죠, 너그러워졌어요, 네. 그
렇게 불안하지 않아요. 그냥 괜히 믿는 구석이 있어요. '쟤가 저렇
게 살지는 않을 애다'는 거를 아니까.

면담자   왜냐하면 자기 인생이니까.

창현 엄마   네, 걔 인생이고… [나름대로] 생각이 있는데 부모들
이 너무 조급하게 비교하니까 조급한 마음이 드는 것 같은데, 그냥
때 되면 지가 갈 길 갈 거라고 생각해요. 〈비공개〉 창현 아빠가 강
조하는 건 시간 약속… 약속은 지켜라. 요즘 애들이 만날 늦는…
우리 딸애가 매번 그래요. 그래서 "그거는 기본 매너다" 아무리 얘
기해도 안 돼요(웃음).

면담자   역시 창현 아빠는 아직도 '약속은 꼭 지켜라'라는 가
훈을 갖고 계시네요. 약속을 포함해서 시간이 지나면 경험이 쌓여
자기 패턴이 생기리라는 제 생각인데.

창현 엄마   네, 네. 잔소리 빈도가 좀 줄어들긴 했죠(웃음). 저는
맨날 보잖아요, 걔를. 아빠는 뭐 어쩌다 보고 그럴 건데… 그렇게
살아도 되더라고요, 근데. 직업 없이도, 직업을 가져서 돈을 정기
적으로 벌어야 잘 사는 건가, 그것도 아닐 거고. 뭐 본인이 만족하
면 되는 건데, 신기하게 걔는 본인이 만족스러워 해요, 지 삶에. 아
무런 뭐 강박이 전혀 없는 건 아니겠지만 본인이 만족한대, 행복하
대. 그래서 '아, 신기하다' 해요. 우리는 국민학교 들어갈 때부터 가
정에서, 학교에서 너무 '이렇게 해야 돼, 저렇게 해야 돼' 막 그것만

배워가지고 그게 너무 익숙한데, 그렇게 안 해도 행복할 수 있다는 게 신기하긴 하더라고요.

면담자   창현이 보내고 누나가 바뀐 부분이 좀 보이나요?

창현 엄마   교회에 대한… 지금도 교회는 다니긴 하는데 그게 친구들, 그리고 애를 챙겨주는 언니들이 너무 잘해주니까 그게 애 삶에서, 인간관계에서 가족 다음으로 중요한 거 같더라고요. 애를 굉장히 많이 챙겨주고, 친구들이 잘 놀아주고 애를 필요로 하고, 그런 부분에서 참 고마운 관계이긴 해요. 근데 그 친구들 때문에 교회를 다니긴 하지만 예전 같은 하나님에 대한 생각은 아니더라구. 삐져 있어요, 기도도 안 하고(웃음). 그러니까 진심으로 다가가지 않고 그냥 친구들이랑 관계가 좋아서 교회 다니는 거고, 신앙은 좀… 한 발 떨어져 있는 거 같아요.

5
신실한 삶 속에서 마주한 4·16 그리고 하나님

면담자   제가 1차 구술을 다시 하는 거라고 말씀을 드렸는데요, 그러니까 엄마로서가 아니라 최순화 씨로, 창현이 보내기 전에 어떤 분이었는지를 듣는 거예요. 결혼하기 전까지의 최순화 씨는 어떤 분이었다고 생각하세요?

창현 엄마   너무 에프엠(FM)대로[원리·원칙대로] 살려고 노력…

(웃음) 그 어떤 틀이 주어져 있잖아요, 어디를 가든. 가정에서도, 학교에서도, 교회에서도. 그 틀 안에서 벗어나지 않으려고 애썼던… 그러니까 이 '벗어난다'는 거는 생각해 보지도 않았던 것 같아요. 그냥 그 안에서, 학교 안에서, 가정 안에서, 교회 안에서 잘 지내는 게 잘 사는 거고, 그게 착한 거고. 교회에서도 교회 안에서 잘 적응하고 적극적으로 참여하는 게 신앙생활에 좋은 거고, 미래가 보장된 거고, 그렇게 살았죠, 뭐. 이 사회에 대한 어떤 불만이나… 회사, 직장생활 할 때도 그냥 그 안에서 잘 적응하려고 했었던, 다른 불만들은 가지지 않으려고 노력했던 것 같아요.

면담자   '이렇게 반듯하게 살고 생각도 깊고 능력도 충분한데 왜 나는 사람들이 흔히 말하는 부와 권력, 명예를 갖지 못하나?' 이런 생각은 안 하셨어요?

창현 엄마   그걸 추구하지는 않았어요, 추구하지 않았는데… 자동적으로 생길 거라 생각했어요. 그러니까 '내가 바르게 살면 사회 구조가 그렇게 바르게 살려고 노력하는 사람들한테 [보상이] 주어질 거다' 저절로 주어지는 것인 줄 알았어요. 근데 '어, 이게 아니네'가 점점 느껴지기 시작한 게 애 키우면서 이제 애들 교육비가 들어가고, 사교육을 시켜야 되고, 그래야 애들이 성공 가도를 갈 수 있고. 그런 부분에 제가 동의를 하지 않았는데, 근데 어느 날 보니까 그런 구조가 되어 있더라고요(웃음). 그러면서 이제 사교육을 시키려면 돈이 있어야 되고 가정의 경제적인 뒷받침이 가장 먼저 되잖아요. '아, 이상하다, 아, 이렇게 사는 게, 이렇게 살아도 안 되는구나'라는 그런 생각이 스멀스멀 생기기 시작한 것 같아요. 애들 교육시키는 과정에서 남들[은] 다 학원 보내는데 [우리 애들은] 학원도 잘 안 보내고 있는데도 나는 믿고 있는, 애들이 잘될 거라고 믿고 있는 이게 '어, 내가 바보구나!'(웃음) 그리고 그렇게 악착같이 돈을 벌어야겠다는 생각도 저는 안 했거든요. 근데 '뒤처지는구나, 이렇게 뒤처지고 있구나', 이런 건 느꼈었어요. 그래도 애들 지네가 할 거라고, 지네 길이 있을 거라고는 막연한… 지네 삶이니까, 그런 막연한 생각들은 있었어요.

근데 큰아이는 별로 강조하지 않았어도 지가 갈 길을 찾아갔어요. 창현이도 그랬을 거라고 생각해요. 물론 그 과정에서 엄마가 자녀를 바라볼 때에(한숨) 맘에 안 드는 구석들(웃음) 천지죠. 창현이하고도 가장 갈등이 늦게 자고 학교에 지각하는 거요. 아, 어떻게 해도 안 되더라고요, 그게. 지각 안 했으면 좋겠는데… 근데 깨우면 성질내고, 지각할 것 같아서 이제 깨우면 성질을 내요. 아침부터 이제 기분이 틀어지는 거지, 그럼 또 지각하고. 지각 몇 번 하면 또 벌칙들이 막 주어지고 이게 반복이 되니까… 창현이하고는 그게 힘들었는데.

그래도 좀 멀리 떨어져서 각 사람들의 인생을 살펴보면 그게 지나고 나면 아무것도 아니잖아요. 그렇게 산 사람도 사회에 나와서는 더 잘 살 수 있고 자기 길을 찾아오고 자기 인생을 충분히 살아내는데, 그 과정, 과정을 견뎌내는 게 참 힘들었던 것 같아요. 근데 그 내재되어 있는 사회에 대한 어떤 불만? 이런 게 쌓여가기 시작했던 것 같아요. 그건 교회도 마찬가지, 교회에서도 음… 잘하면, 신앙생활 잘하고 전 그게 전부인… 교회에서는 그게 전부라고 하니까. 그러면 '앞으로의 삶이, 또 자녀의 삶이 괜찮을 거다, 잘 살 거다, 잘될 거다 그렇게 믿고 했거든요. 근데 이걸로 인해서 완전히 깨진 거죠, 4·16으로 인해서 그게 아니었다는 게.

면담자   '성실하게, 올바르게 잘 살면 풍요롭고 좋은 삶이 우리에게 주어질 것이다'는 생각을 갖고 계셨네요.

창현 엄마   꼭 풍요까지는 안 바라고 그냥 탄탄하게… 그게 풍요더라고요, 결국엔.

면담자   근데 그렇지 않거든요.

창현 엄마   네, 안 그랬어요, 안 그렇더라고요.

면담자   4·16을 통해서 그동안 던져온 질문이 본격적인 질문이 되기 시작하신 거네요. 성실하게 열심히 살면 풍요로운 삶이 주어질 것이라는 건 완전히 깨져버렸고.

창현 엄마   네, 거의 배신 수준이었어요, 배신.

면담자   이제 남은 게 하나님 문제인데, 그러면 신앙적으로도 우리가 열심히 하더라도 하나님이 무엇인가를 주시지는 않는다고 생각하게 되셨나요?

창현 엄마   그렇죠. 성경을 참 많이 읽었는데…….

면담자　　　주일학교 교사도 하셨다고 들었는데….

창현 엄마　　　네. 성경에 그렇게 나와 있지 않거든요. "너 교회생활 잘하면 잘돼, 네 자녀도 잘되고 걱정 없이 잘 살 수 있어" 이런 구절이 한 개도 없거든요(웃음). 근데 교회에서 목사님들이 그렇게 가르쳤을 뿐이고, 애들 가르치는 교재에 그렇게 나와 있을 뿐이고, 완전히 잘못 해석하고 교회 시스템을 유지하기 위한 방편으로 사용했을 뿐이죠, 하나의 '교회'라는 기업을 유지하기 위한…. 지금 깨달음은 그래요, 그런 것 같아요. 그러니까 본질에서 완전히 벗어나서 잘못 가르쳤고, 지금도 잘못 가르치고 있고. 제가 내린 결론은 그래요.

면담자　　　'하나님의 전지전능하심'에 대해서는 어떻게 생각하세요?

창현 엄마　　　잘… 하나님이라는 분을 우리가 너무 잘 안다고 생각했던 것 같아요. "전지전능한 분이야" 이렇게 딱 단정적으로 말하잖아요? 그럴 수… 사람이 표현할 수 있는 언어가 그것밖에 없겠지만 딱 그것만으로 단정 지을 수 없는 분인 거 같아요. 그러니까 100사람에게 다 뭔가를 해주겠지만 그것도 잘 모르는 거고(웃음). 좋은 것이라는 게 내 기준에서 좋은 것이지만 어떤 게 진짜 좋은 건지는 사람마다 다 다를 수 있고, 하나님 입장에서 좋은 것이 뭔지도 다를 수 있고.

　　지금 제가 하나님에 대해서 얘기하라면, 물론 이 세월호 사건은… 어쨌든 간에 저도 ○○처럼 좀 떨어져 있어요. 가까이 가지 않아요. 그냥 '더 잘해주시든지 말든지' 이 정도? '하려면 해주세요'(웃음) 이 정도의, 감정 상태는 그래요, 감정 상태는. 근데 이성적으로 이분에 대해서 좀 객관적으로……. 저 같은 어려움을, 세월호 같은 어려움을 당한 사람이 무수히 많잖아요. 어마어마하게 많잖아요. 어마어마하게 많은데 "하나님 왜 저한테만 이러세요?" 이렇게 말할 수는 없는 거잖아요. 이런 일들이 엄청나게, 우리나라에도 이런 고통을 겪는 사람들이 과거에도 많았고 지금도 많고, 각 나라마다도 있고. 근데 이게 '하나님 통제 범위 밖에 있나?' 그것도 잘 모르겠고.

면담자   일종의 무능하고 가난한 하나님론이네요.

창현 엄마   그 책임이 결국에는 어떤 사람들의 욕심, 그 근원을 쫓아가 보면 너무 지나친 욕심이 낳은 결과들인 거잖아요. 누군가의, 아주 소수의 지나친 욕심 때문에 피해 보고 죽어가는 사람들은 엉뚱한 사람들이고 가난을 면치 못하고 있고 그러는데, 그런 어려움을 겪는 사람들을 돌봐야 하는 책임도 또한 사람들한테 주신 것 같아요. 그거를 깨닫고 실제로 실천하는 사람들도 많이 있고….

지금 상태에서 제가… 하나님에 대한 감정은 일단은 조금 떨어져서 좀 삐져 있는 관계인데, 그분을… 이해하려고 노력… 하는 중에 있죠, 이해하려고. 근데 이런 일이 나한테만 일어난 게 아니라 과거에도 너무 많이 일어났고 지금도 일어나고 있고 앞으로도 일어날 건데, 통제… '하나님이 전지전능'이라는 말은… 온 우주의 시스템이 있다면 그 시스템을 망친, 망치게 한 인간들의 욕심 때문인 것 같고, 하나님의 의도는 아니라고 봐요. 그거는 분명하다고 봐요. 근데 '그걸 왜 막지는 못하냐, 능력 있다면서 왜 못 막느냐', 그건 잘 모르겠어요. 막을… 의지가… 잘 모르겠어요, 그거는. 의지가 있는 것 같기도 하고 없는 것 같기도… 없는 것 같아요. 그거를 적극적으로 막을 마음은 없는 것 같아. 그냥… 제가 지금 입장에서, 지금도 기독인…이거든요. 최대한 내가 아는 만큼, 하나님에 대해서 기독교에 대해서 성경에 대해서 알고 있는 만큼 살 수밖에 없는 거잖아요. '알고 있는 것만큼은 살아내겠다' 뭐 그 정도. 깨달은 만큼만 그것밖에 할 수 없죠, 뭐.

면담자　　　본래 신의 세계를 인간이 알 수 없는 거 아닙니까?

창현 엄마　　그러니까… 알 수 없는 건데, 너무 교회에서는 단정적으로 가르쳐버리니까 그게 제일 문제가 되는 것 같아요. 모른다고 해야 되는데.

6
'창현이가 천국 갔을까?'라는 고민과 그치지 않는 미안함

면담자　　　이 얘기가 창현이 얘기하고 연결이 돼요. 하늘의 세계가 존재하고 거기에 창현이가 가 있다고 확실히 믿으셔요? 창현이를 잃고 난 다음에 어떠셨어요?

창현 엄마   한 달 정도… 그러니까 창현이 가고 나서 한 달 정도 정말 심각하게 그 문제로 고민했거든요. [창현이가] '천국에 갔다?' 교회에서 와서 장례를 치러줬고, 내 주변에는 다 교회 다니는 사람들이고 그러니까 "천국 갔으니까 걱정 말고 다시 돌아와서 신앙생활 하는 게 제일 잘하는 거야"[라고 말해요]. 그렇죠, 그들의 입장에서는 그거였죠. 저도 제가 이 일을 안 겪었다면 그렇게 말했을 거 같아요. 배운 게 그거밖에 없으니까, 그렇게만 배웠으니까. 근데 한 달 정도는 정말 치열하게 고민했어요. 음… '창현이가 천국 갔을까?'

근데 어느 순간 어떤 계기가, 꿈을 꾼 적이 있는데… 창현이가 우리 집에 왔었어요. 근데 말을 안 하더라고, 한 3일 동안. 꿈속에서도 '얘가 못 올 앤데 어떻게 왔지?' 이렇게 생각만 하고 있지. 걔한테 물어보지도 못하고, 얘도 말을 안 하고. 꿈 내용은 그것뿐이었는데, 한 3일 동안 우리 집에 있다 갔는데, 그냥 그 꿈을 깨고 나서는 굉장히 마음이 편해졌어요. 그리고 더 이상 이런 고민을 안 하게 됐어요. '어, 천국에 갔어. 우리 창현이 분명히 천국에 있어' 꼭 이렇다기보다 그게 전혀 문제가 안 된 상태가 됐어요. 물어보셨죠? "[창현이가] 천국에 있느냐, 갔다고 믿느냐?" 어… 제 마음 편한 거 보면 그게 전혀, 천국에 갔든 지옥에 갔든 문제가 전혀 안 된 상태인 거예요. 걱정이 없다 그럴까? 걱정이 없어요. 천국과 지옥이 이렇게 이분화돼 있는, 그 부분에 대한 궁금증이 없는 건 아닌데 어쨌거나 창현이에 대한 걱정은 없어졌어요. 한 달 동안 치열하게 고민했던 그런 고민[은] 없어지고 그냥 마음이 편안하고 창현이도 편한 것 같은, 편안한 것 같은 그런 느낌이에요. 음… 그건 모르죠, 천국에 있는지는. 내가 믿느냐? 바람? 아무튼 문제가 되지 않아요. 그게 솔직한 것 같아요. 별로, 아무 문제가 되지 않아요.

면담자   근데 보통 관심사는 이게 또 우리 아들이 되면 '애가 천당을 갔나 지옥을 갔나, (창현 엄마 : 그러니까) 지옥 가면 되게 힘드니까' 이런 건데, 결국은 우리가 신의 세계를 모르듯이….

창현 엄마   네, 모르는 거예요, 모르는 게….

면담자   어머니께서 생각이 정리되면 현재 창현이의 모습을 좀 더 삶 속에 녹여서 만나가실 수 있지 않을까요? 어떠세요?

창현 엄마   저는 그게 목표예요. 그냥 삶에서, 내 앞으로의 모든 삶에서 창현이를, 창현이랑 어떻게 함께하느냐, 그게 목표죠. (면담자 : 네) 시간이 걸릴 것 같아요….

면담자   쉽지 않죠. '아, 이거 좀 더 잘해줬으면 훨씬 좋았을 텐데'라는 부모로서의 아쉬움과 미안함…. 그렇지만 또 달리 생각하면, 어머니의 후회지, 창현이의 마음속에 있는 서운함은 아닐 수 있고요.

창현 엄마   (한숨) 그러겠죠. 근데… 그런 얘기를, 그런 마음을 서로 나눌 수 있는 기회가 박탈이 돼버린 게……(침묵) 저도 용서가 안 되는 거고, 서로… 시간이 걸린다고요.

면담자   아, 그런 걸 모르시지는 않지만, (창현 엄마 : 네) 그래
도 후회는 남는 것이고, (창현 엄마 : 그럼요) 창현이와의 새로운 만
남이 어떤 모양인지 알고는 계시는데 시간이 걸린다 이런 얘기가
되는 거죠?

창현 엄마   그렇죠, 그러겠죠, 뭐. 그러니까 창현이가 꿈에 나타
나서 그랬으면 좋겠어(침묵). "그만 미안해해도 돼" 그러면 좀 마음
이 편해질 것 같아(울음).

면담자   창현이를 믿으시죠, 어머니? (창현 엄마 : 그럼요) 그
말을 꼭 말로 들어야 하는 것이 아닐 수도 있어요.

창현 엄마   그러니까 그게… 또 다른 강박이 된 것 같기도 해요.
'창현이한테 미안함이 없어지려면 나는 이래야 돼' 이런 게 있어요.
그게 없어지기까지는… 모르죠, 없어질지 없어지지 않을지는.

7
창현이가 평범하게 자라고 살길 바랐던, 그렇게 어려운 꿈

면담자   오늘 1차 구술의 마지막 질문이 되지 않을까 싶습니
다만, 창현이를 보내기 전에 어머님이 가장 하고 싶었던 게 뭐였어
요? 소원 같은 거.

창현 엄마   창현이 있었다면?

면담자   창현이 있을 때.

창현 엄마   있을 때……(침묵).

면담자   심지어 그 소원도 창현이하고 연결되어 있어요?

창현 엄마   그냥 봤으면 좋겠어, 그냥…(울음).

면담자   창현이가 보고 싶다는 말씀이시죠?

창현 엄마   그냥 이렇게 쳐다보고 있었으면 좋겠어. 그러면 말 안 해도 다 알 거 같아. 그냥 마주보고 좀…….

면담자   어머니 앞에 창현이가 나타나서 그냥 서로 바라만 보는 환시라도 좀 있었으면 하는 바람이신데, 꿈을 제외하고는 당연히 만날 기회가 없으니까. 환시도 좀 있으셨어요?

창현 엄마   그게 뭐예요?

면담자   그러니까 아침에 일어났는데 창현이 방에서 애가 쑥 나오는 것 같은 것들.

창현 엄마   아니요.

면담자   기차를 타고 가는데 그 창에 창현이랑 친구들이 어른어른 보인다든지. 5년간 창현이 꿈은 얼마나 꾸셨어요?

창현 엄마   2014년도에는 그 모습, 그때 학생 때 고등학교 학생의 모습으로 주로 나왔는데 시간이 지날수록 어린애 모습으로, 애기 모습으로, 최근에는 애기 모습으로 나오더라고요. 점점 어려져요, 시간이 지날수록.

면담자   조금 진정되신 것 같아 아까 질문을 다시 여쭈면, 이 어처구니없는 사건을 맞기 이전 어머니의 한 가지 꿈이 있었다면 그게 뭘까 하는 얘기를 듣고 싶었습니다.

창현 엄마   엄마는 자식들에 관한 거밖에 없죠…. 별거 아니었어요. 그냥 평범하게 자라주는 거, 평범하게 잘 살아내는 것 그거밖에 없었어요.

면담자   작지만 엄청 큰 꿈이네요.

창현 엄마   그게 그렇게 어려우니….

면담자   작지만 큰 꿈이라는 게 작지만 정말 아름답기 때문에 큰 꿈인데, 그 작은 꿈조차도 이렇게 송두리째 앗아가는 현실이 어머니께 더 크게 느껴지셨겠죠.

창현 엄마   그러니까, 그게 완전 배신이었지.

면담자   누가 배신한 거예요?

창현 엄마   제가 속은 거 같기도 하고, 음… 교회가 배신한 거고. 하나님이 배신했다고 볼 수는 없을 거 같아요. 제가 그거를 "당신이 배신했잖아요!" 그렇게 말하기엔 제가 너무 어리석었고 몰랐고, 그 꾐에 빠져든 거니까… 잘못 배운 거고. 사회가 배신했고 교회가 배신했고… 사회, 교회에 배신당한 것 같아요.

면담자   배신의 실체로서 또 하나가 '몰랐다, 꼬임에 빠져들어 있었다'라고 보시는 거죠?

창현 엄마   네, 인정해요. 인정해야죠.

면담자   이 세상을 살아가고 있는 모든 사람들도 그 꼬임에 빠져들어 '성실하게 복종하고 살면 세상이 우리에게 뭔가를 줄 것이다' 뭐 이런 삶을 현재 살고 있지 않습니까? 그 결과로 우리는 창현이를 잃었고. 최근에 오랜만에 많이 우신 것 같아요.

창현 엄마   그렇죠(웃음).

면담자   그래도 저는 유가족들이 이런 대화를 조금 더 적극적으로 했으면 해요, 눈물 나더라도.

창현 엄마   그… 하나님 앞에서 아직 울지 않았어요.

면담자   보통 십자가 앞에 가면 엄청 눈물이 날 텐데요.

창현 엄마   그러니까 눈물이 나는데 적극적으로 따지지 않았어요, 아직. 그러니까 제대로 울지 않았어요. 그냥…(침묵) '그렇게 열심히 산 결과가 이건데 어쩔 거예요?' 그냥 이 정도? 그 정도 마음이고… 따지고 싶을 만큼 아직 가까이 가지 않았어요.

면담자   뭔가 창현 어머니께 제2막이 있을 것 같아요.

창현 엄마   그럴 거예요, 아마. 언젠가는 따져야죠?

면담자　　　그럴 것 같아요, 정면에서 따져야죠. 거기서 서로 답을 주고받아야 그게 어떤 의미에서는 창현이와 새로운 차원으로 만나가는, 창현 어머니의 새로운 삶의 본격적인 시작이 아닐까 싶어요. 오늘 구술은 여기까지 마무리하겠습니다.

4회차

2019년 2월 18일

1
시작 인사말

면담자   본 구술증언은 4·16 사건에 대한 참여자들의 경험과 기억을 기록으로 남김으로써 이후 진상 규명 및 역사 기술에 기여하고자 합니다. 지금부터 최순화 씨의 증언을 시작하겠습니다. 오늘은 2019년 2월 18일이며, 장소는 안산시 단원구 4·16기억교실 교육장입니다. 면담자는 김익한이며, 촬영자는 강재성입니다.

2
국가권력의 '공격'에 맞선 투쟁

면담자   4차 구술은 초기에 구술하셨던 2015년 이후 여러 상황들에 대한 어머니의 기억을 함께 나누려고 합니다. 참, 2015년 4월에 어머니도 머리 깎으셨죠? 그 처절한 투쟁으로 시작해서 2015년이 가장 격렬하게 싸웠던 시기인 거 같아요.

창현 엄마   예, 4주기 전후로… 캡사이신 엄청 맞고, 그렇게 대놓고 우리를 정부가 그렇게 대할 줄 정말 몰랐거든요, 특히 유가족을.

면담자   그 얘기부터 시작하면, 그러니까 유가족들이 처음 국회를 갔을 즈음엔 조금 막긴 했지만 청와대를 제외하고는 대부분 무사통과였죠. 그러다가 2015년이 되면서 권력이 강하게, 본격적으로 공격성을 드러내기 시작했어요. (창현 엄마 : 네) 그런 공격을 받기 시작했을 때 어머니 느낌이 어떠셨습니까? 우선 당황하셨을 거예요.

창현 엄마   저는 깨어났던 거 같아요. 오히려 '국가가 이래?' 어… 그렇게 적극적으로 막지 않았으면 저희도 그렇게 극렬하게 투쟁을 하지는 않았을 거 같아요. 그렇게 극렬해지지는 않았을 것 같아요. 근데 너무 적극적으로 막으니까 '이건 뭐야, 도대체?' 우리를 더 깨어나게 한 것 같고, 오히려 국가의 그런 우리를 향한 대응이 더 저항을 크게 했던 것 같아요. 우리에 대한 국가의 태도가 더 화를 돋우었고 그렇게 나오게 만들었고, 그런 것 같아요.

면담자   유가족들도 장기 구속 상태는 아닙니다만 경찰서에 끌려다니시고… 어머니는 어떤 경험 있으세요?

창현 엄마   (웃으며) 저는 끌려가지는 않았고, 청운동을 처음 들어갈 때 광화문에 있다가 청운동사무소에서 처음 농성 시작하려고 한 그날, 같이 청와대를 먼저 들어갔거든요. 그때 정의당… 그때도 정의당이었나? 그분들이 청와대에서 같이 농성을 하고 있었는데 그때 저는 창현이 사진을, 영정 사진을 들고 왔어요. 영정 사진을 들고 당당하게 들고 갔는데 굉장히 사람들이 많이 있었어요. 그때가 8월이었나 9월 이쯤인가, 영정 사진을 청와대까지 들고 갔다는 게 좀 기억에 남고, 그게 저도 해보지 않은 짓을 한 거여서.
  그때 몇 명 엄마들끼리 약속을 했어요, "영정 사진 가져오자".

가져와 가지고 그때는 광화문에서, 광화문에 먼저 투쟁이 시작된 거잖아요. 거기에서 단식 농성을 하고 있던 차에⋯ 아, 유민 아빠가 그때 40일이 넘어가고 거의 죽게 생겨가지고, 처음에는 그런 거거든요. 유민 아빠 살려보자고, 좀 만나주라고. 그때 매번 유민 아빠가 청와대에 '만나달라'고 신청서를 내고 그게 하루 일과 중에 하나였는데 안 만나주니까 좀 만나주라고 박근혜한테 그런 얘기 하기 위해서 청운동사무소 단식을, 아니 농성이 시작된 건데 그 첫날 창현이 영정 사진을 들고 청와대로 침투를 해서, 침투한 거 같아요 (웃음).

영정 사진을 당당히 내놓고 인제 청와대에서 막 사람들이 사진도 찍고 그러는데, 정의당 의원들이랑 같이 농성하고 그러다가 이제 청운동사무소로 내려와서 시작한 거예요. 농성을 시작한 건데 음⋯ 저는 그게 좀 제가 처음으로 가장 적극적으로 나선 경험인 것 같아요. 창현 아빠가 광화문에서 5월 달에 그랬나, 하여튼 농성하다가 경찰 모자를 잡아 뺐다 그래 가지고 한 이틀, 24시간 갇혀 있었는데 그때 면회 갔더니 아무것도 안 먹는다고(웃음). 거기서 주는 거 아무것도 안 먹는다고, 일부러. "난 니네가 주는 거 안 먹어" 그러고 있더라고요. 그런데 그런 경험들도⋯ 창현이한테 좀 덜 미안해하기 위한 그런 행동이었던 것 같고. 그렇게 조금씩 조금씩 변해간 것 같아요, 적극적으로 활동에 나선 게.

특조위, 시행령에 대한 실망과 비참함

면담자　　　2015년 하반기, 2016년 봄 이때는 특조위가 구체적으로 활동을 시작하는 시기거든요. 특조위 실무를 2016년이 되어서야 시작한 건데, 그때를 반추하면 유가족들이 결국 수사권, 기소권 없는 특별법을 타협해 준 것에 대한 후회랄까 그런 게 있지 않았을까 싶어요. (창현 엄마 : 허무했죠) 2016년 초에 특조위가 시작되는 시기를 보면서 어떠셨어요?

창현 엄마　　　(한숨) 그 전후 과정이, 특조위 싸움이 제일 치열했죠. 그 전 [가협] 임원들, 김병권 가족대책위원장 대 특조위 싸움이. 그러니까 "수사권, 기소권, 조사권 다 있는 특별법 만들어라" 이 싸움을 가장 열심히 많은 부모들이 했는데 그게 좌절되는 그 과정들이 정말 힘들었던 것 같고. 그 이후에… 아, 저는 될 줄 알았거든요, 그렇게 많은 국민들이 함께하고 서명이 전국에서 이루어지고 해외에서도 이루어지고 근데도……. 그러니까 기소권, 수사권까지 하는 게 법적으로 아무런 문제가 되지 않는다는 것도 이미 알고 있고, 그러면 안 해줄 이유가 없는데 될 거라고 믿었는데 박근혜가 엉뚱한 소리 해가면서 이거를 뒤집어엎고 그냥 조사만 할 수 있는……. 그때 제일 많이 실망을 했었던 것 같아요. '안 되는 건가? 아, 이게 안 되는 건가? 왜 안 되지? 아무런 문제가 없는데 왜 안 되는 거지?' 정말 이해할 수가 없었고 실망을 많이 해서 '안 되는가 보다…' 참 많이 낙심을 했던 것 같아요.

　그 이후로 시행령에서 또 그런 거 보면서 이 일관된 박근혜 정부의 태도가, 우리 생각했던 것보다 더 적극적으로 방해하고 나서는 이 태도가 '아, 넘을 수 없는 벽인가?' 그런 생각들을 많이 했던 것 같아요. 시행령 싸움… 그 한 번 큰 낙심이 있어서 "조사, 그나마 광범위하게 조사할 수 있다" 그렇게 서로 위로를 했거든요, 조사는 광범위하게 할 수 있어…. 근데 시행령으로 그것까지 또 엎으니까, 그것도 조사를 못 하게, 조사마저 못 하게 하는 그런 시행령을 내밀어서 원싸움으로, 특별법 싸움을 했던 처음의 심정으로 또 싸움에 임했던 것 같아요.

　그럼에도 그것도 어쨌든 간에 우리가 원하는 대로는 안 되고 계속 타협을 하는 거죠, 정부하고. 어쨌든 간에 넘어가야 되니까 그거를 타협하는 과정들이… 그렇게 해봐야 결과가 안 나오는 게 참 비참하기도 하고(한숨). 앞에서, 가장 앞에서 싸웠던 임원들은 얼마나 비참했을까 그런 생각도 들고. 근데 지금 생각해 보면 그것마저도 또, 그 시행령으로 인해서 특조위가 출발했는데 특조위 출발을 하기도 전부터 무슨 '세금 도둑'이라니 방해를 하고, 내내 방해를 했잖아요? 너무나 끈질기게. 그래서 이 정체가, 박근혜 정부의 정체가 도대체 뭔지 참 정말 혼란스러운 때였던 것 같아요. '내가 유가족이 아니어도 이건 아니지 않나? 이건 말도 안 되는 건데'. 그렇게 말도 안 되는 것을 국가가 유가족을 향해서 막 휘두르는데 정말 그때는 미치고 팔짝 뛰었던, 심정은 그랬던 거 같아. 뭐 방법은 없는데 계속 짓밟고, 짓밟히고.

면담자　　　실제로 그게 2015년 11월인데요, 해수부에서 특조위 등과 관련된 지침 문건이 발견되죠. 그래서 지금 말씀하신 대목들이 청와대, 정부 부처 등을 통해서 조직적으로 방해가 이뤄졌다는 걸 우리가 알 수 있게 됐고요. 그럼에도 2016년 특조위 활동이 시작됩니다. 이때 특조위의 실질적인 활동에 대한 소감은 어떠세요? 기본은 수사권과 기소권이 없는 특조위이니까 제한적이긴 하지만.

창현 엄마　　　조사위원이, 특별조사위원회가, 특조위원들이 장관급의 지위에 있다고는 하는데 정부가 자료를 안 내놓으면 그만인 거고, 조사에 임하지 않으면 그만인 거고. 그게 저는 '특별'이라는 '특별법'이 붙어서 우선권이 [있어서] 이 법이 갖는 권한이 굉장히 큰 줄 알았는데 아무것도 아닌 거예요. 아무것도 아닌 거예요. 뭐, 해수부도 문건 안 내놓으면 끝인 거고 뭐 방법이 없는 거고, 그 앞에서 그냥 조사위원들이 죽치고 앉아 있고. 야, 이게 특별법이라고 만들어놓긴 했으나, 특별조사위원회라고 하긴 하나 특별하게 조사한 거는 없는 것 같고 그냥…(한숨) 뭐 물론 애쓴 건 아는데 결과적으로 그렇게 나오니까, 밖에 특별법 무용론도 많이 나오죠. 그 말이 나올 수밖에 없는 것 같고, 그래서 지금도 저희는, 가족협의회는 "검찰 내에 조사본부를 따로 차려라" 지금도 요구하고 있잖아요.

면담자   수사권과 기소권을 갖고 있으니.

창현 엄마   그렇죠, 검찰이 다 할 수 있잖아요. 마음만 먹으면 다 압수수색 할 수 있고, 미적거리지 않고 그냥 다 빨리빨리 판단해서 할 수 있는데…. 아, 이런 특별법을 통한, 특조위를 통한 조사 방법의 한계가 1차 때 드러난 건데 2차도 여전히 거기에 그것만 바라보고 있는 우리도 너무 답답하죠. 그니까 "검찰에 특별수사본부 설치해라"를 계속 요구하고 있고 방법은 그거, 그래야 될 것 같아요, 진짜. 어마어마한 돈을 들여서 특조위가 굴러가고 있기는 하지만(한숨) 과연 만족할 만한 조사를 해낼지는 의문스러운 거죠, 수사권이 없으니까.

면담자   수사권과 기소권이 없는 터라 예측이 됐지만 실제로도 특조위가 기대만큼 움직이지 않으니까 2016년은 너무너무 답답한 한 해였던 것 같아요.

4
인양 과정과 목포신항에서 마주한 세월호

면담자   그러다가 2016년 새로운 이슈로 부상한 게 인양이에요. 인양을 상하이샐비지가 수주해서 진행했는데 어떻게 보셨습니까? 상하이샐비지가 인양 주체가 되는 것에서부터 시작해서.

창현 엄마   선정 과정부터 믿음을 주지 못했죠. 그 해수부가 개

입을 해서 미리…(한숨) 참 답답하네(웃음). 상하이샐비지가 선정된 과정도 2014년 4월 16일 참사 터지고 며칠 안 돼서 이미 뭐 '언딘이 중국에 가서 상하이샐비지를 만나고…' 이런 얘기가 있거든요. 그 때부터 이미 상하이샐비지는 정해져 있던 거라는 그런 얘기도 들은 게 있어서. 상하이샐비지가 선정된 이유도 그냥 무조건 값이 싸다는, 기술이나 인양 방식이나 그런 거 본 거 아니고 무조건 돈만 본 거잖아요, 과정들이.

그러니까 '왜 그럴까?' 이해가 안 갔는데 나중에는 '아, 인양을 안 할 마음이었구나. 처음부터 인양할 마음이 없었는데 하도 국민들이 원하니까 시늉만 한 거구나' 이런 생각이, 이런 결론이 나긴 난 건데. 그렇잖아요? 박근혜가 안 물러났으면 인양 안 했을 게 분명하단 말이에요. 바다에 그냥 그대로 처넣고 조사도 안 할 생각이었고 그랬던 것 같아요. 그런데도 국민들이 그렇게 요구하니까 인양한다고 박근혜가 2주기 때 그랬나요? 해놓고 인양을 하긴 했는데(한숨) 선체조사위원회도 두 가지 결론을 낼 수밖에 없는 그 상태로, 어떻게 그 많은 기간 동안 조사를 하고, 전문가들이 붙어서 조사를 한 결과가 2014년에 검경합동수사본부가 낸 결과랑 똑같다고 하더라고요(헛웃음). 거기에서 요만큼도 벗어나지 않으려고 그렇게 애를 썼다는… 뭐 처음부터 그런 결론을 내려놓고 이 선체조사위원들이 임했다면 그건 뭐예요, 도대체 뭐를 조사를 한 건지, 진짜. 선조위든 특조위든 진짜 너무 답답하고, 근데 다른 뾰족한 방법이 없고.

창현 엄마 최순화

물론 인양의 첫 번째 목적은 미수습자를 찾는 것이어서 그 부분은 어느 정도 성과를 봤죠, 다섯 명을 찾아냈다는 건. 성과를 봤으나 인양을 통해서 우리가 알고 싶었던 침몰 원인은 여전히 모르고…. 저 지금 [세월호는] 녹슬어 가지고 그냥 고철이 되어 있잖아요, 인양한 지가 벌써 2년이 넘었는데, 만 2년 되어가는구나. 어떻게 보존할지도 결론을 못 내고 그냥 저렇게 고철덩어리로 낡아빠지게 놔둘 건지. 아무튼 깊이 들어가면 답답하고 (가슴을 치며) 가슴이 막…… 그 새록새록 답답한 마음들이 생각나네.

면담자   인양을 계속 안 하고 있다가 리프트 빔이라고 그러죠, 빔을 끼워 넣기 위해서 파공을 엄청 했고 뭐 기타 등등. 그래서 도저히 믿을 수가 없으니까 동거차도에 올라가서 망원 카메라로 감시를 하고 뭐 그랬었는데, 이제 촛불집회가 막 일어나니까 어느 날 갑자기 쑥 올라와 버렸잖아요.

창현 엄마   그러게, 박근혜 구속되고 다음다음 날인가(웃음) 그래요. 그때가 박근혜가 3월 31일 날 구속됐고 그 이틀 후엔가 올라왔어요. 그 해수부장관이, 지금 구속되어 있는 개가 바로 끌어 올리더라고. 세상에… 그냥 마음만 먹으면 그냥 "어, 올리자" 그러면 되는 건데, 그 몇 년을….

면담자   배가 인양된 뒤 눕혀진 상태로 목포신항에 있었어요. 그 상태에서 유가족들이 여러 번 교대로 내려가시고… 그때 배를 본 느낌이 어떠셨어요?

창현 엄마   처음 봤을 때? 음… 3월 31일 날짜를 기억하는데, 목포로 가면서 박근혜 구속된 소식 들었고(웃으며) 다음 날 비가 온다고 했는데 오전엔 비가 왔어요. 근데 세월호가 있는 거기가 아마 그 개인 회사, 그게 목포시 소유가 아니고 개인 회사 소유더라고요. 그래서 들어가는데 힘들었죠, 못 들어가게 했죠.

우리가 처음에 가면 언제나 싸우듯이 또 싸워서 들어갔는데 배가 오니까… 고동 소리 처음에 울리는데 마린호였나 그때? 마린호, 네. 뱃고동 소리가 울리니까 심장이 막 터질 것 같더라고. 저 소리가 우리 아들, 애들이 떠날 때 설레게 하는 소리였는데 애들을 다 집어삼키고 다른 배에 실려 오는 그 초라한 모습에… 오는데 굉장히 막 그때… 배가 오는 모습 보면서 다들 통곡을 했죠. 처음 보는 배라, 그러니까 2년 동안, 15, 16, 17년 3년 동안 그 속에 있던 거잖아요. 있다가 왔는데 걔도, 세월호도 좀 불쌍해 보이기도 하고 그러면서도 '우리 애들 다 어디다 놓고 왔냐?' 막 그런 마음도 들고.

근데 시간이 지나면서 어쨌든 올라왔으니까 침몰 원인은 밝혀지지 않을까 싶었거든요. 선조위가 출범도 하고 그랬는데(한숨), 그게 사람이 문제인지, 잘 모르겠어요. 왜 분명히 원인은 하나잖아요? 원인이 있잖아요, 분명히 침몰 원인이 있잖아. 그 배에 탔던 사람도 다 생존해 있고, 기록들도 어마어마하게 많고, 증언해 줄 사람도 정말 많은데 왜 이거를… 밝히지 않는 거 같아요, 저는. 안 밝히는 거지. 그 어마어마한 돈을 들여서 선조위가 출범을 하고 그럼에도 불구하고, 전 국민이 다 주목하고 있는데도 이 결과를 못 밝혀내. 도대체 이게 사람이 하는 일이 다 이런가? 특조위 그러지, 선조위 이러지 막 그러니까.

면담자   왜 그러는 거라고 생각하셨어요?

창현 엄마   (한숨) 일단 뭔가가 있긴 있는 거 같아요. 밝히면 안될 뭔가가 있긴 있는 거 같은데, 박근혜는 이미 감옥에 들어가 있는데 더 뿌리 깊은 어떤 이익집단들의 이해가 들어 있는 건지, 군이 관계되어 있는 건지… 암튼 답답해요, 답답해요.

면담자   선조위도 그렇고 특조위도 그렇고 직접 그 일에 참여했던 사람들, 그 배경에 작동하고 있었던 특히 해수부 공무원들, 이분들도 좀 딴 나라 사람들 같은 느낌 안드셨어요?

창현 엄마   그러니까(한숨). 참, 그러니까 같은 사람인데 왜 그럴까요?

면담자   딴 나라 사람 같은, 그 권력과 기득권 세력을 움직이게 해서 진상 규명을 해야 하는 걸까요, 그럼?

창현 엄마   (한숨) 해야죠. 근데 그렇대도, 적이 뚜렷하다면, 뚜렷하면 방법이 있잖아요. 보이잖아요, 방법이. 근데 적이 분명히 있긴 있는데 이 적이 어느 쪽에 집중적으로 있는 건지, 다 흩어져 있는 것 같아요. 어디마다 적이 있는 거 같아요, 이걸 가로막는 적이 분명히 있기는 있는데 어디를 공격해야 이 사람들을, 이 적들을 물리칠 수 있는지를 잘 모르겠어요. 그게 권력, 돈, 공무원들의 오래된 그 공무원스러운 습관들, 뭐 종합판인지 그들의 이해가 맞아떨어지는 건지. 참 과거 얘기도 아니고, 5·18 얘기도 아니고, 5·18도 물론 살아 있는데, [세월호 참사는] 우리 눈앞에 벌어진 일이고 다 살아 있고, 어마어마한 증거들이 다 확보되어 있는데 이걸 모른대, 사실 이게 말이 되냐고.

면담자   그것을 알아가려면 어떻게 해야 될 것 같으세요? 그러니까 뻔히 다 있는데 안 되는 이유, 어디가 싸움의 주 타깃인지 이런 것을 알아가려면?

창현 엄마   돈인 것 같아요, 저는. 돈, 민중들. 진짜 엄마들만 '아, 이거는 나한테도 일어날 수 있는 일이야'라고 인식을 한다면, 저는 엄마들이 깨치면 된다고 봐요. 근데 엄마들이 '이건 내 자식 일 아니야, 남의 일이야. 내 자식한테는 이런 일 없어' 그러고 그냥 남의 일로 취급하고 자기 갈 길, 꾸준히 내 자식 더 교육시키고 더 좋은 환경에서 공부하게 하고 스펙 쌓게 하고 여기에 몰두해 있는……. 이렇게 이런 구조로 만들어가는 게 있잖아요? 그거를 깨뜨려야죠.

창현 엄마 최순화

5

아이들만을 위한 4·16합창단 100번째 공연

면담자   세월호가 목포신항에 누워 있을 때 어머니가 단장으로 있는 4·16합창단이 목포신항에서 아이들만을 위한 공연을 한 적이 있죠? 그거는 누가 기획하고 진행하셨어요?

창현 엄마   그때가 100회[째 공연], 17년 5월 달에 갔나? 100회[째 공연]에 딱 맞췄어요, 그거를. 세월호가 올라올 때부터 다른 부모들은 거기에 다 집중했으니까, 목포에. 일반 시민합창단들도 굉장히 마음이 가고 싶어 했어요. 그래서 같이 가자, 갔으면 좋겠다는 얘기는 꾸준히 했었는데, 이게 100번째가 돌아오는데 100번째에 맞춰서 갔으면 좋겠다 그런 얘기를 시찬 아빠가 먼저 해가지고, 아무튼 온전히 다른 관객 없이 별들, 우리 애들만 관객으로 모시고 별만 보이는 데서 노래 불러줬죠. 뿌듯해요, 저희도 그거를 했다는 게. 목포에서 일부러 거기까지 가서 할 수 있는 걸 했다는 게 뿌듯하고, 기억에 남고.

면담자   그때 아이들이 가까이 있는 것 같은 느낌이 좀 있으셨어요?

창현 엄마   그럼요, 그럼요. 100번째 딱 맞았다는 것도 그렇고. 그때 우리 가족들이야 목포 가는 게 쉽지만 일반 합창단 다른 분들은 가는 게 쉽지는 않잖아요, 1박 2일이니까. 근데도 다 한마음이 돼서 개인 차로 오신 분들도 있고. 사람들은 잘 모르지만 어쨌든 우리끼리는 합창단이 제일 잘한 일로 꼽고 있어요, 그때 가서 한 일을.

면담자　　　그러다가 이제 배가 직립을 해요, 직립 과정도 가서 보셨나요? (창현 엄마 : 네) 보통사람이 보면 굉장히 지루한 과정이 었는데, 그 모습을 보고 어떠셨나요?

창현 엄마　　　그러니까 육지에서도 그게 가능했는데, 그게. 그 전에도 시도하려고 했다가 약간 실패… 그 전에 조금씩 "몇 도 든다, 몇 도 든다" 이런 과정들이 있었거든요. 근데 시범 과정들이 다 성공적이었어요. 근데 위험할 수 있다는, 물론 그 얘기는 있었죠. 배가 여차하면 뒤틀릴 수 있고 이런 얘기도 있었지만, 실제로 시험하는 과정 중에서는 한 번도 이렇게 엇나가거나 위험하거나 그런 상황으로 빠지지는 않았거든요.

그럼에도 직립하는 과정에서 '조금이라도 잘 안 되면 어떡하지?' 그런 염려가 있기야 있었지만 한 번도 우리가 기대했던 거에서 어긋나지 않고 그대로 섰거든요. 이것도 이렇게 쉬운 거였는데 그게 물 안에서, 바닷속에서 세우는 건 더 쉽다면서요. 그래서 '세워서 좀 오지' 이런 아쉬움도 좀 있고. 그리고 올라갔잖아요, 올라가서 처음에 하나하나 우리 아이들의 방[선실] 보고, 그 진흙을 퍼내는 과정에서 다 배를 잘라내고 그래서 방이 나뉘어져 있는 부분, 그 흔적은 볼 수 없지만 그래도 우리 아이들이 어디 있었는지, '여

144

기가 몇 호실이었어, 몇 반 방이었어'가 다 나오니까 또 거기에서 아이들의 흔적이 보이는 거죠.

또 그 높이에서 이 바다를 봤을 때 얼마나 무서웠을까… "왜 못 뛰어내려, 뛰어내리면 되지" 이렇게 말하는 사람도 있었잖아요, 근데 어마어마한 높이여서 3층, 4층 높이인데. 뛰어내리기가 쉽지 않았겠구나, 그 배가 기울어지는 과정들을 하나하나 애들이 보면서 얼마나 공포스러웠을까, 그 기억들이 새록새록 나기도 하고. 그러니까 잘 보존되어야 할 텐데, 이게 정말 잘 보존되어서 우리가 바라는 것 이상으로 역할을 해낼 수 있을 건데 그러면서 잘 보존되기를 바라는 마음도 있고. '우리 애들 좀 잘 데리고 있다가 오지' 미운 마음도 있고, 또 미수습자들 네 명 끝내 못 찾은 거에 대한 아쉬움도 크고. 세월호를 바라보는 시선은 항상 두 가지가 있는 것 같아요.

면담자　　　지금 인양에서부터 직립까지, 그 사이에 선조위 활동까지 말씀을 들었는데요. 이게 결국은 박근혜 권력이 무너진 이후에 다 이루어진 일입니다. (창현 엄마 : 네, 맞아요) 그 점에서 마지막 질문을 확인차 드리고 싶은데, 거기에 주로 관련돼 있었던 이들이 해수부 공무원들이거든요. 그들은 어땠습니까? 권력은 바뀌었는데, 또는 바뀌어가는 과정이었는데.

창현 엄마　　　저는 진짜 가까이에서 보지는 못했지만 가까이에 있는 분들하고는 세월호가 인양된 이후에는 그래도 잘 지내더라고요. 해수부 사람들하고 잘 지내긴 하는데, 원하는 결과는 안 나오는 거고(헛웃음). 속 시원한 그런 답을 해주지는 않고, 여전히 그들이 일하는 방식은 똑같은 거 같고. 그렇지만 예전처럼 적대시하는 그런 관계가 성립되진 않고 그냥 어쨌든 간에 해수부하고 선조위 활동을 같이했던 부모들, 가까이에서 했던 부모들 보면 가까이 잘 지내는 것 같아요. 근데 가까이 지낸다고 해서 그게 결과로, 우리가 원하는 것들이 명쾌하게 밝혀지거나 뭐 나은 결과가 있거나 그러진 않는다는 게 아쉽고…. 바뀐 건 없는 것 같아요, 공무원들이. 그냥 인간관계에서 편하게 지내기 위해서 친하게 접근할 뿐이지, 우리들 심정을 헤아리고 정말 진실을 밝히기 위해서 최선을 다한다 그러진 않는 것 같아요.

6
뿌듯했던 촛불집회와 '승리'의 경험

면담자　　저희가 촛불시위 얘기를 안 했어요. 그동안 합창단 공연이 없을 때는 집회 현장에 계속 나가셨을 거고, 또 촛불집회 때 합창단 공연이 꽤 있어서 여러 형태로 촛불집회를 경험하셨을 텐데 어떠셨습니까? 태어나서 처음 경험이셨을 텐데, 그 정도의 규모가.

창현 엄마　　그러게요(웃음). 저는 우리 일이니까, 우리 가족 입장에서는 정말 우리 일이니까. 근데 박근혜한테 대놓고 "너 박근혜

퇴진, 하야]를 외치진 못했어요]. 처음에는 박근혜한테 "진실을 밝혀 달라"고 요구를 했다가 이제 태블릿 PC 나오고 국정농단 나오면서 하야 나왔다가, 물러나라 나왔다가, 퇴진 나왔다가, 탄핵 나왔다가 이렇게 점점 발전한 거잖아요.

근데 저희의 요구는 너무나 거기에 감정이입이 되어 있는 거죠, 뚜렷이. 우리 마음을 그대로 표현한 건데, 우리 일이라고 생각하고, 근데 이 일에 똑같은 감정을 [표현하는] 국민들이 이렇게 많아진다는 게… '정말 이렇게도 되는구나. 이렇게 많은 국민이 함께 한목소리를 내서 우리 일에 함께할 수 있는 거구나' 그게 참 신기했어요. 그게 어느 순간에 되더라고요. 2016년도 집회, 민중총궐기 전까지는 정말 답답해서 미치는 상황? 어떻게 해도 안 되는, 어떻게 해도 막히는 그런 상황이 계속 반복됐었는데 어느 순간 막 민중들이 나와서 똑같은 목소리를 낸다는 게 굉장히 신기하고, 뭔가 정말 잘될 것 같은 그런 마음이 한 2017년 내내 있었던 것 같아요(한숨). 그럼에도 박근혜 탄핵에서 세월호는 또 빠지고(웃음).

면담자   그때 헌법재판소 앞에 계셨어요?

창현 엄마   저는, 그때가 금요일이었을 거예요, 청운동에서 피켓 드는 날이라 청운동에서 있었어요. 근데 헌법재판소부터 쭉 오더라고, 민중 대열 대오가 오더라고. 근데 그들을 맞이하는, 피켓을 들고 맞이하는 그 상황도 굉장히 뿌듯했어요.

면담자   아, 그러셨구나. (창현 엄마 : 네) 그건 제가 전혀 몰랐어요. 청와대에 시위대를 맞이하는 분이 (창현 엄마 : 네, 네. 청와대에서 맞이했어요) 계셨네요, 그날. 누구누구 있었어요?

창현 엄마   그때 가족은 저 혼자였고, 금요일마다 제가 가는 날이라, 청와대 피케팅하러 가는 날이라. 그다음에 같이 금요일마다 했던 분들, 목사님들, 또 조미선 선생님도. 한 일고여덟 명? 같이 피켓 들던 분이.

면담자   마치 권력을 접수하는 듯한 느낌?

창현 엄마   네!(웃음) 그래서 굉장히 뿌듯했어요. 하여튼 그런 경험들이 하면 된다는, '아, 하면 되는구나'… 2016년 민중총궐기 전까지는 '어떻게 해도 안 되는구나' 이거였는데 '아, 하면 되는구나' 이거를 습득한 거 같아요. 그래서 지금은 '뭐든지, 꾸준히 하면 되지' 이런 믿음들이 생긴 것 같아요.

면담자   조금 짓궂겠지만 사실 유가족들은 어머니가 지금 말씀하신 '하면 된다'는 경험은 꽤 하셨어요. 사실 뭔가를 하면 유가족들에게는 쥐어졌어요. 그런데 이제 드리려는 질문은 잘되는 건 하나도 없다는 거죠. (창현 엄마 : 그러니까!) 세월호 참사를 직접적으로 겪은 유가족들의 입장에서는, 문재인 정권이 선 이후에도 특별히 변한 게 없다, (창현 엄마 : 네) 어찌 보면 1기 특조위, 선조위를 2기 특조위라고 한다면 현재 사회적참사특별조사위원회가 3기 특조위인 셈인데 크게 다를 바가 없다는 말씀들을 하시는데….

창현 엄마   결과적으로 그래요.

면담자   그러면 싸우고 얻어내고 싸우고 얻어내고 했지만 결국 얻어낸 결과가 유가족들의 바람을 실현시켜 주지 못하는 또 다른 허망함으로 빠질 수밖에 없지 않으세요? 촛불집회를 어떻게 보세요? 어머니는 틀림없이 '이겼다'고 보셨거든요.

창현 엄마   아니요. 저는 박근혜를 뚜렷한 적으로 봤어요, 저희는, 박근혜가 다 막았으니까. 그거는 확실해요, 박근혜가 제일 앞장서서 막았어요(웃음). 그런 박근혜를 끌어내렸다는 점에서 저희는 승리는 충분히 맛보았다고 생각해요. 우리 적이 없어진, 적을 감옥에 처넣었다는 거는 분명히 우리의 승리라고 저희는 자축하고 싶고. 이 결과를 얻어내는 일은 정권과의 싸움이라기보다 실제적인, 이 진상 규명을 가로막는 실제적인 적들은 굉장히 많이 오랫동안 뿌리를 내리고 숨어 있는 것 같아요. 그래서 이 적들을 없애기까지는 시간도 많이 걸리고 국민들도 설득해야 되고⋯. 유가족들의 남은 삶은 '그런 숨어 있는 적들을 나오게 하고, 그들을 조금이라도 돌아서게 하고 변화시키는 과정이어야 되지 않을까' 저는 그렇게 생각하고 있어요. 그러니까 정권, 권력이, 정권이 이거를 밝혀낼 수 있는 힘이 없는 것 같아요.

7

정권보다는 국민들 마음에 거는 기대

면담자　이어서 사참특위 얘기인데요. 새 정부가 들어서면서 다시 법안이 제출됐을 때 1기 특조위에서 수사권, 기소권 가지고 한 번 데였던 입장에서 어떤 눈으로 바라보셨습니까?

창현 엄마　그때가 2017년 11월이에요, 통과된 지가. 근데 지금 19년 2월이면 2년이… 1년 8개월에다가(웃음). 근데 뭐 하고 있는지 모르겠어… 별로 기대 안 해요.

면담자　법률 내용도 결국은 1기 특조위처럼 수사권과 기소권을 갖고 있지 않거든요.

창현 엄마　그니까, 결국에는 이 특검을 해야 되는 거잖아요. 특검을 해서 검사가 와서 수사를 해야 되고 기소를 해야, 거기까지 가야 뭔가 결과가 나오는데(한숨) 답답해요.

면담자　사참특위 구성원과 관련해서는 어떻게 생각하세요? 예를 들어서 황전원을 또 받을 수밖에 없는 상황이라든지.

창현 엄마　그러니까요(한숨).

면담자　그러면 우리가 기대했고 지금도 기대하고 있는 문재인 정권은 어떻게 봐야 됩니까?

창현 엄마　기대? 그러니까 정권이 뭘 해주길 바라는 거는… 그건 무리인 것 같아요.

면담자   방해만 하지 마라? 박근혜처럼?(웃음)

창현 엄마   '정권이 바뀌었으니까 해줄 거다' 이런 기대가 저희는 무리였던 것 같아요. 정권이 바뀐다고 이걸 해낼 사람은 그 정치 안에는 없는 것 같아요. 우리 유가족들만큼 이게 간절한 사람이 없다는 거죠, 개인 사안, 사안들이. 아무튼 정치인들은 표를 먹고 사니까 표가 어디 있는지 여기에 관심이 있지 세월호는 이미 지난 거고, 가습기살균제 그분들의 억울함도 마찬가지이고. 정말 정의의 편에서, 서민들 편에서 이거를 해결해 줄 만한 사람이 많지 않은 것 같아요. 그래서 정권에 기대기보다 저는 문화적 힘도 굉장히 강할 것 같아요. 책도 마찬가지고, 영화는 지금 다큐 영화들이 많이 나오고 있지만, 영화에도 요소요소 세월호적인 얘기들이 다 들어가 있긴 하더라고요. 그렇게 조금씩 끼워 넣는 거 말고 정말… 그것을 보고 국민들이 '아, 이러면 안 되는구나' 좀 돌아서게 할 수 있는 그런 것들이 나왔으면 좋겠어요. 영화나 저는 만화영화, 옛날부터 만화영화, 애니메이션 만들어지기를 간절히 바랐었는데 곧 나오지 않을까요? 그래서 국민들 마음이 바뀌어야지, 이 흐름이 바뀌는 게 그게 힘일 것 같고. "누가 요즘에 부동산 투기해?" 이런 말들이 나왔으면 좋겠어요. 누가 어떤……. 암튼 지금 사람들이 돈을 좇는 풍조들이[에] 굉장히 사람들이 무시하는 쪽으로 그렇게 말하는… 그런 말들이 많이 생겼으면 좋겠어요.

면담자　　　4·16 정신이 이 사회에 살아가는 많은 사람들의 머 릿속, 가슴속에 그리고 문화의 형태로 좀 스며들어서 모두의 삶이 좀 사람다워지는 세상을 지향한다는 말씀이시죠. 어머니, 다 좋은 데 그렇게 하시려면 엄청 오래 걸릴 텐데요.

창현 엄마　　　그게 제일 빠르지 않나요, 근데? 확실하게?

면담자　　　그 논법이면 그게 다 돼야 진상 규명도 가능하고, 그 게 다 돼야 그 죄 지은 놈들 다…(웃음).

창현 엄마　　　그러니까 결국에는 거기까지 가야 된다는 거죠, 진 상 규명은 그 전에 돼야 되고, 그 전에 방법들을 동원해서 가야 되 고. 결국에는 우리 아이들의 희생으로 이렇게… 아이들이 없어진 걸로 인해서 사회를 바꿔놓았다는 것까지가 부모들의 목표고, 그 게 최선일 거 같아요.

8
유가족 건강에 대한 고민과 향후 공동체에 대한 희망

면담자　　　창현 어머님은 한 축은 합창단, 또 한 축은 교회 활 동. 교회 활동이라기보다는 종교 안에서의 실천, 그다음에 이제 사 회적 실천을 하고 계신데 그럼에도 현재 걱정이나 고민되는 것이 있으세요?

창현 엄마   저희 사단법인 가족협의회의 부모들, 같은 유가족들, 부모들이 저처럼 굉장히 많이 성장을 하고 예전보다는 나아진, 어떤 진보된 생각들을 하고 사는 거는 분명한 것 같은데 건강들이 많이 나빠지는 거 같아요. 저도 괜찮은 줄 알았는데 그렇게 되고, 또 몰랐던 사람들 얘기를 들려오는 소식이, 건강이 많이 안 좋아서 활동을 못 하는 분들이 꽤 있더라고요. 그런 부분이 좀 걱정이 되고, 그러니까 저희 사단법인 가족협의회가 처음부터 그런 걱정 했었어요. '깨어지면 어쩌나' 깨어질 수 있는 위험 요소들이 너무 많았잖아요. 그럼에도 불구하고 여기까지 왔는데, 지금 새로운 임원진들이 구성되어 있는데 아직 본격적인, 그러니까 출발은 했지만… 예전처럼 깨어지지 않고 잘 갔으면 좋겠고, 깨어지지 말았으면 하는 게 가장 큰 바람이고.

깨어지진 않을 거라고 봐요, 이미 어려운 과정들은 너무 많이 거쳐와서. 그래서 더 잘 지혜를 모아서 갔으면 좋겠고. 근데 저희가 갈 수 있는 이유도 시민들이 항상 지켜보고 있고, 함께해 주시는 분들이 언제나 어디 가나 있고, 그게 큰 힘이 돼서 저희가 갈 수 있는 거 같아요. 분명히 분열될 수 있는 요소들은 언제나 있는 것 같은데 그 위험을 시기, 시기마다 잘 넘어왔다는 게 부모들이 자랑스럽고 감사하고, 그러면서도 앞으로도 그렇게 잘 유지되어서 갔으면 좋겠고, 더 바람이 있다면 우리 가족들이 어떻게 공동체생활을 할 수 있었으면 좋겠다는 것까지, 그러면 좋을 거 같다는 바람이 있어요.

면담자　　　공동체운동을 잘해갈 수 있으시겠어요? 이거 어마무시한 일입니다, 먹고살아야 되고요(웃음), 마음 맞춰서 또 잘해야 되고요.

창현 엄마　　　그렇죠. 목요기도회가 지금 유지된다고 했잖아요. 몇 명 안 돼요. 다섯, 여섯 명밖에 안 되는데 거기에서 저희끼리는 구체적으로는 아니지만 얘기를 자주 하거든요, 자주 하는데… 지역공동체까지. 근데 그냥 한두 사람이라도 시작했으면 좋겠어요.

면담자　　　목요기도회 하면 예은 엄마, 창현 엄마, 또 누가 있어요?

창현 엄마　　　시찬네, 지성 어머니네, 순영 언니까지 다 동의하지…. 그러니까 속마음을 다 물어보진 않았는데 모이는 사람끼리는 몇 번 얘기는 했어요. 그런데 그게 참 좋을 것 같아요, 마음이 편하고. 우선 마음이 편해야 되는데 같이 있으면, 그러니까 뭘 해도 이해를 받잖아요. 어떤 모습을 취해도 서로 속속들이 이해하고 그럴 것 같아서, 그렇게 굳이 내가 설명하고 그러지 않아도 이해해 줄 수 있는 그런 사람들이랑 공동체를 만들어서 그렇게 신앙이… 지금 신앙의 이름으로 모였지만, 그러니까 신앙을 갖는 것도 잘 살기 위해서 이 땅에서의 삶을 잘 살아내기 위해서 갖는 건데, 같은 신앙이 아니어도 충분히 가능할 것 같다는 생각도 들고.

면담자　　　공동체 활동과 관련해서는 이미 단장을 맡고 계신 합창단을 비롯해 연극단, 목공소… 목공소는 이미 협동조합이 됐

고 그다음에 공방, 기억저장소는 좀 다른 차원이긴 하지만 그런 것
들이 움직이고 있기 때문에 기반은 충분한 것 같은데, 혹 공간에
대해서 아쉬운 건 없으세요?

창현 엄마   있어요. 공간? 어떤 공간?

면담자   그러니까 공동체운동을 하려면 공간이 있어야 되잖
아요.

창현 엄마   예, 필요하죠(웃음).

면담자   그 공간이 좋아야 사람들이 편하게 모이는데 (창현
엄마 : 네, 맞아요) 너무 좋게 하면 애들한테 미안하고. 이 상충이, 이
부딪힘이….

창현 엄마   '너무 좋게'가 저는, '너무 좋게'라는 그것까지 나갈
수 있… 너무 좋게까지 안 바라요. 그냥(웃음) 같이 공동체생활을
할 수 있다면 그걸로 만족할 것 같아요. 그러면서 이제 조금씩 주
변 환경을 가꾼다든가, 저는 꽃을 심고 그러고 싶거든요. 노란 꽃
을 해마다, 철철마다 심어서 주변 지나가는 사람들이랑 같이 즐거
워했으면 좋겠다, [세월호 엄마, 아빠들이] '잘 살아내고 있구나' 이것
도 동시에 보여줬으면 좋겠고. 우리가 잘 사는 모습을 보고 그게
올바르게 사는 모습이 되어서 속마음까지 다 읽어줬으면 좋겠어,
사람들이. '너무 욕심 부리지 않고 경쟁에 뛰어들지 않고도 얼마든
지 잘 살 수 있다' 이거를, '같이 잘 살 수 있다'는 거를 보여줬으면

좋겠어요.

면담자 　　그 공동체 공간의 이미지는?

창현 엄마 　　시골스러운 거예요(웃음).

면담자 　　엄청난 빌딩도 아니고.

창현 엄마 　　(웃으며) 빌딩 그런 거 아니에요. 싫어, 그런 거.

면담자 　　훌륭한 작품 같은 건축물도 아니고.

창현 엄마 　　아니, 그런 것도 아니고, 그런 거 바라지 않아.

면담자 　　정말 소박하면서도 자연 속에 있는 시골스러운, 그
리고 그 안에 유가족들의 마음이 (창현 엄마 : 녹아져 있고, 네) 노란
꽃이 피어 있는 (창현 엄마 : 만발하게 언제나 피어 있고) 그런 말씀을
지금 해주신 거예요.

창현 엄마 　　에, 그런 그림을 그려요.

면담자 　　그리고 세상이 지향해야 되는 가치, 사실은 우리 아
이들이 우리에게 가르쳐준 가치를 집약적으로 표현해 주신 것 같
아요. 마무리하려고 하는데, 그래도 꼭 한마디 하시고 싶은 게 있
는지 한번 생각해 보시죠.

창현 엄마 　　최근에 제가 책을 좀 읽거든요. 근데 상상할 수 있는
능력이 기적이래요. 근데 그게, 그런 것 같기도 해요. 그래서 상상
을 해보려고. 네, 그런 최종 목표는 공동체까지 가는 건데… 아무

튼 상상해서 기적을 만들어내고 싶어요, 이미 상상이 되고 있어요 (웃음).

면담자   창현이는 어디 있어요, 그 상상의 세계에?

창현 엄마   창현이? 집집마다 그 노란 꽃들 속에. 집집마다 있어요, 창현이는. 우리 집에도 있고.

면담자   고맙습니다. 마무리하겠습니다.

4·16구술증언록 단원고 2학년 5반 제6권

그날을 말하다 창현 엄마 최순화

ⓒ 4·16기억저장소, 2019

기획 편집 4·16기억저장소 ┊ **지원 협조** (사)4·16세월호참사가족협의회
펴낸이 김종수 ┊ **펴낸곳** 한울엠플러스(주)
초판 1쇄 인쇄 2019년 4월 1일 ┊ **초판 1쇄 발행** 2019년 4월 16일
주소 10881 경기도 파주시 광인사길 153 한울시소빌딩 3층
전화 031-955-0655 ┊ **팩스** 031-955-0656 ┊ **홈페이지** www.hanulmplus.kr
등록번호 제406-2015-000143호

Printed in Korea.
ISBN 978-89-460-6747-9 04300
　　　　 978-89-460-6700-4 (세트)
* 책값은 겉표지에 표시되어 있습니다.